株の買い時・売り時がわかる
テクニカル指標完全ガイド

株価
チャート
分析
の教科書

藤本 壱

自由国民社

はじめに

　2020年春からの世界的なコロナ禍により、日経平均株価は2020年3月には1万6000円台まで急落しましたが、そこから急回復し翌2021年2月には約30年振りに3万円の大台を突破しました。その後は下値約2万6000円で比較的堅調に推移し、2023年3月からは再び急上昇して7月3日には終値で3万3753円をつけ、5月、6月に続きバブル後の最高値を更新しています。

　しかし、2021年後半頃からの世界的なインフレ進行と2022年からの利上げ、そして、長引くロシアとウクライナの戦争や、今年10月のパレスチナ情勢再悪化といった「地政学リスク」の高まりが続いており、世界経済への影響が懸念されます。日本も1ドル150円前後の円安が続き、物価高に苦しんでいます。今後の株式市場には不安定要因が多くあります。

　このような中で、「株をいつ買っていつ売るか」の判断は難しいところです。買った株が値上がりしたからといって、漫然とただ長く持ち続けるのではなく、基本的には短期間の勝負を念頭に下がる前に機敏に売って、利益を取っていくことが必要になりそうです。

　これから株で持続的に勝っていくには、やはり科学的な方法を使って成功率を高めることが肝要です。そこで重要なのが、株価の動きから売買タイミングを判断しようとする「テクニカル分析」です。これまでの株価の動き方を分析すると、いろいろな法則性を見つけることができます。その法則に沿って売買すれば成功率が上がるのではないか、という考え方をするわけです。

　最近では、ネット証券の口座やテクニカル分析ソフトでも多くのチャートが利用できます。ただし、チャートや指標にはそれぞれ長所・短所がありますので、相場局面や目的に合わせてそれらを選び、正しい使い方をしなければ良い結果は得られません。

　そこで本書では、チャート分析の基本に加え、広く使われている約35種の主要テクニカル指標の特徴と基本的な読み方、それらを使った実践的な売買タイミングの判断方法について、2022年〜2023年の事例も交えてわかりやすく解説しました。

　本書をお読みになられた皆さんが、それらの中からご自分に合った指標を見つけて、利益につなげることができれば、筆者としては幸いです。

2023年12月

藤本　壱

CONTENTS

CHAPTER2 トレンド系のテクニカル指標を使いこなす

CHAPTER3 オシレータ系のテクニカル指標を使いこなす

CHAPTER4 出来高系のテクニカル指標を使いこなす

CHAPTER5 市場全体に関する指標を使いこなす

CHAPTER6 複数の分析手法を組み合わせる

Prologue

チャートを使ったテクニカル分析をマスターしよう

適当な売買では利益は上がらない

　本書をお読みの皆様は、売買する銘柄やタイミングを、どのようにして決めているでしょうか？「マネー雑誌やネット記事等を参考にする」「勘で判断する」「チャートは使っているが適当に判断する」といった方々が結構いらっしゃるのではないかと思います。

　株で儲けるのは、残念ながらそんなに簡単なことではありません。もし簡単に儲けられるなら、今頃は日本中に株長者が多数誕生していて、目に見えて景気も良くなっているはずです。

　しかし、実際にはそんなことはありません。儲けているのはほんの一握りの人だけで、その他大勢の投資家は、良くても儲かったり損したりでとんとんというところでしょう。また、かなり損失を出している方もいることでしょう。

　やはり、株で着実に利益を上げていくためには、いい加減な判断で売買するのではなく、銘柄や売買タイミングをよく分析して、確実性を高めることが必要です。

ファンダメンタル分析とテクニカル分析

　株式投資でよく行われている分析手法として、「**ファンダメンタル分析**」と「**テクニカル分析**」があります。

　ファンダメンタル分析は、企業の業績や財務などの定量的なデータや、経営方針などの定性的なデータから、投資対象の企業を選ぶ手法です。業績が順

調に推移している企業ほど、株価の伸びも良い傾向がありますので、良い投資対象を選ぶためにはファンダメンタル分析は欠かせません。

　ただ、いくら良い銘柄であっても、株価が上がりきった後で買ってしまっては、儲けることはできません。下手をすると、損をしてしまいます。

　そこで、「テクニカル分析」という手法も利用します。テクニカル分析は、これまでの株価の動きを元にして、現在の株価は高いのか安いのか、将来の株価は上がるのか下がるのか、今は買い時なのか売り時なのか、ということを分析する手法です。

　テクニカル分析では、株価や出来高の動きをグラフ化した「**株価チャート**」や、株価を元にして計算した「**テクニカル指標**」を中心にして、さまざまな手法で分析を行っていきます（図0.1）。

●図0.1　株価チャートとテクニカル指標の例

チャート提供：TradingView (https://jp.tradingview.com)

これからの相場はテクニカル分析が欠かせない

　2020年春からの世界的なコロナ禍により、日経平均株価は2020年3月には1万6000円台まで急落しましたが、そこからの回復は急で翌2021年2月には約30年振りに終値で3万円の大台を突破しました。その後は下値を約2万

6000円でレンジ気味に推移しましたが、2023年3月から再び急上昇し、7月3日には終値3万3753円をつけて度重なる「バブル後最高値」の更新となりました。これまでの動きには、外国人投資家の「日本株買い」の動向も大きく関係しています。

この間には、2021年後半あたりからの世界的なインフレ率上昇、2022年2月のロシアのウクライナ侵攻、エネルギー価格の高騰、各国の大幅利上げなど、いろいろなことがありました。

しかし、2023年後半になり、米国を始め欧米主要国の大幅利上げによる景気減速の予測や、中国の経済成長にも陰りがみられるなど、世界的に経済が減速する懸念が出ています。そのため株式市場にも影響が出やすく、株価の動きが不安定になりました。日本でも、ガソリン価格や食料品を始めとする物価上昇が続いており、2023年10月からは消費税のインボイス制度が施行されるなど、それらの影響で景気が落ち込む可能性も指摘されています。

また、2022年の出生数は約77万人で、初めて80万人を割りました。これからの日本はいよいよ少子高齢化で人口減が進み、国内市場が縮小していきます。

政府は、賃上げによる購買力向上で経済の好循環を実現する、との方針を掲げていますが、日本経済が持続的に成長し、株価がそれにつれて右肩上がりになるという展開はちょっと考えにくいです。高い技術力で大きな海外シェア

●図0.2　日本の株式市場の推移（月足）

チャート提供：TradingView(https://jp.tradingview.com)

を持つ企業もありますが、すべての企業がそういうわけではありません。

　したがって、今後の相場で着実に儲けるには、買った株を長期保有して値上がりを待つのではなく、タイミングをとらえて安いときに買って高くなったら下がる前に売る、空売りをうまく使って下げ相場にも対応する、といったことが必要になります。そのためにはテクニカル分析の知識と戦術が肝要です。

相場と自分に合ったチャートや分析手法を活用しよう

　テクニカル分析に使う手法は、基本的なものから応用的なものまで、非常に数多くあります。ただ、そのすべてを知り尽くすことが必要かというと、そうではありません。

　例えば、ゴルフをすることを考えてみてください。クラブを何十本も用意してみたところで、うまくなるというものではありません。ドライバーやパターなど目的別に必要なクラブを、自分に合ったものから何本か選んでそれで良く練習してこそ、初めていいスコアが出せるようになります。

　テクニカル分析も同じです。重要なのは、「目的と自分に合ったチャート手法を見つけ出す」ということです。いろいろな手法の中から、相場の状況と自分のやり方に合ったものをいくつか選び、その手法でうまくいくかどうかをよく検証した上で使うようにします。

　ただ、自分に合った手法を見つけ出すためには、どのような手法があり、またそれぞれにどのような特徴があるかなど、基本的なことはある程度理解していることも必要です。

　そこで本書では、主なテクニカル指標を取り上げて、その基本的な使い方や

●表0.1　本書で取り上げるテクニカル分析の手法

分類	種類
チャート分析	ローソク足（日足、週足、月足、分足）、ティック、トレンドライン、パターン、ペンタゴンチャート、エリオット波動、ファンチャート
トレンド系指標	移動平均線、加重移動平均線、指数平滑移動平均線、ボリンジャーバンド、一目均衡表、パラボリック、ピボット、平均足、新値足、カギ足、P&F
オシレータ系指標	モメンタム、ROC、乖離率、RSI、RCI、サイコロジカルライン、%Rオシレータ、ストキャスティクス、MACD、DMI、コポック買い指標、ボラティリティ
出来高系指標	出来高移動平均線、出来高加重移動平均線、ボリュームレシオ、株価帯別出来高、MFI、OBV、信用残、信用倍率
全体関連指標等	騰落レシオ、NT倍率、新高値／新安値銘柄数、信用取引評価損率、レシオケータ

●表0.2　ランクと意味

ランク	意味
★★★	基本的なものであり、また多くの投資家に非常によく使われていて、重要です。確実にマスターしていただきたい手法です。
★★☆	よく使われている手法です。このランクまでマスターできれば、テクニカル分析はほぼ大丈夫と言えます。
★☆☆	応用的な手法です。余力がある方は勉強してみると良いでしょう。

見方、売買タイミングの判断方法などを紹介していきます（表0.1）。

　なお、本書では多数のテクニカル指標を取り上げますが、その中には基本的なものもあれば応用的なものもあります。一度にすべてをマスターしようとすると大変かも知れません。

　そこで、★のマークの数（1個～3個）でランクを示してあります。まずはランクの高いものからマスターしていって、慣れてくればランクの低いものにもチャレンジされると良いでしょう。ランクの意味は表0.2のようになっています。

基本は株価チャート分析

　数あるテクニカル分析の手法の中で、もっとも基本となるのは「株価チャート分析」です。毎日（週／月）の株価の動きをグラフで表して、そこから売買タイミングを判断しようというのが、チャート分析の考え方です。

　株価チャートは「ローソク足」から構成されますが、1本～数本程度のローソク足で判断する手法や、大まかな流れ（トレンド）や形（パターン）で判断する手法など、いろいろな判断方法があります。

　昔からたくさんの人が研究を重ねてきており、また多くの投資家がチャートを見て分析していますので、まずはしっかりとマスターしておくべきものです。

　そこで、本書の第1章では、株価チャート分析の基本的な手順について解説します。

主力はトレンド系とオシレータ系のテクニカル指標

　株価を元に何らかの計算をして、そこから株価の動きを判断する方法もよくとられています。計算によって求められる値のことを総称して、「テクニカル指標」と呼びます。テクニカル指標も多数ありますが、その中で特によく使われているのは「トレンド系指標」と「オシレータ系指標」です。

　トレンド系指標は、株価の動く傾向（トレンド）を表すためのものです。流

れに沿って中長期的な売買をするために、「移動平均線」を始めとしたトレンド系指標は重要な役割を果たします。一方のオシレータ系指標は、株価の振動の度合いを見るもので、目先的な株価の行きすぎを判断するのに使います。どちらかと言えば、短期売買向きの指標です。

　トレンド系指標／オシレータ系指標ともに多様ですが、それぞれに特徴がありますので、自分に合うものを見つけてみてください。そこで本書では、第2章でトレンド系指標、第3章でオシレータ系指標を解説します。

出来高系指標や全体関連指標で補完する

　株価だけでなく、出来高（売買が成立した株数）を元に指標を計算することもあります。出来高系指標を見ていると、株価には表れない情報が出てくることもありますので、それも見ておきたいところです。

　また、個別銘柄の株価の動きは、市場全体からの影響も大きく受けます。市場全体が上昇してくれば、個別銘柄も値上がり株が多くなってきますので、市場全体の動きもチェックしたいところです。

　チャート分析やトレンド系／オシレータ系指標で株価を分析し、出来高系指標や全体関連指標で補完すると、より確実性の高い判断ができるようになります。そこで本書では、第4章で出来高系指標、第5章で全体関連指標を解説します。

複数の指標を組み合わせて判断する

　個々の分析手法には向き不向きがあります。1つの手法だけで分析すると、失敗が多くなる場合もあります。そこで、複数の分析手法を組み合わせて精度を高めます。

　特に、相反する性質を持った方法を組み合わせて、それぞれの弱点を補完すると、より良い結果を得られる場合があります。トレンド系指標とオシレータ系指標は大きく性質が異なりますので、それらを組み合わせると相互の弱点を補完することができます。

　手法の組み合わせ方は無限に考えられますが、本書の第6章ではその例をいくつか取り上げて紹介します。

テクニカル分析ソフトを活用する

　今や株の取引もネットで行うことが主流になり、ネット証券口座があればさまざまなチャートが見られます。また、ヤフーファイナンスに代表される多くのポータルサイトや経済サイトでもさまざまなチャートが無料で見られます。

　それ以外にも、テクニカル分析を行うためのソフトやサービスは、いろいろなものが市販されています。本書では、そういったものを利用することを想定して、多くのソフト等で採用されている主要なテクニカル指標もできる限り取り上げました。

テクニカル分析は投資判断のうちの1つ

　プロローグの最後として、1つ注意しておきたいことがあります。それは、最終的には「総合的な判断が必要」だということです。

　テクニカル分析の結果では投資対象として良い銘柄でも、業績や財務が悪ければ、株価が上がらないことも十分にあり得ます。また、個別の銘柄で見ると「買い」と判断できたとしても、日本全体の景気が悪かったり、株式市場の状況が思わしくないと思惑通りにはいかないこともあります。

　さらに、「買いのタイミングが来た」と判断して買っても、その後に株価が下がることもあります。逆に、売った後に株価が上がることもあります（このようなことを「**ダマシ**」と呼びます）。

　このように、いくらテクニカル分析の結果がタイミングを示していても、それは「絶対に確実」というものではありません。要は戦術を組み立てて経験を積み、いかに確率を高めていくかに尽きるでしょう。どうも危ないと思ったら、手を出さないで様子見することも必要な判断です。テクニカル分析の技を極めることも重要ですが、企業業績を見る、市場全体を見るといった投資判断のうちの1つにすぎないことを忘れてはいけません。

　また、銘柄によって株価の動き方は違いますので、最適な分析手法も異なります。1つの手法だけで複数の銘柄を分析するのではなく、銘柄ごとに分析手法を調節して、より最適にすることも考えてみてください。

CHAPTER1

株価チャート分析とトレンドの基本

株価チャートを使った売買タイミングの判断は、テクニカル分析の基本です。日々の株価の動きから判断したり、株価の動く傾向（トレンド）やパターンを見て判断する方法があります。

第1章では、株価チャートでの分析について紹介します。ローソク足の見方や、トレンド、パターンなどを解説します。

ランク ★★★

株価チャートの見方

最初に覚えるテクニカル分析の基本

「株価チャート」は、テクニカル分析の原点とも言える重要なものです。株価チャートの見方から入っていくことにしましょう。

株価の推移をグラフ化して表す

日々の株価は「○○円」のように数値で表されますが、その数値だけを見ていても、これまでの株価の動きをすぐに判断することはできません。しかし、売買のタイミングを判断するには、これまでの株価の動きで現在の状況を分析し、それを基に将来の株価の動きを予測することが必要です。そのため、今の株価の数値だけでは問題があります。

一般には、株価の動きをグラフ化して、その動き方や形から現在の状況を把握します。そのグラフのことを、株価チャート（chart）と呼びます。

チャートの描き方には、いくつかの方法があります。例えば、日々の終値だけを折れ線グラフで表すことも考えられます（図1.1）。ただ、これではそれぞれの日の中での株価の動きはわかりません。そこで、日々の株価の動きまで把握できるように、描き方が工夫されてきました。その1つの描き方が、ローソク足と呼ばれるものです（図1.2）。日本では、ローソク足が一般的に使われています。

●図1.1　日々の終値から作られたチャート　　●図1.2　日々の株価の動きを把握できるローソク足

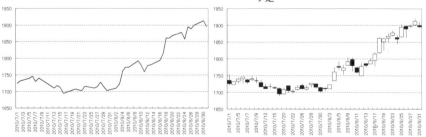

なお、ローソク足の株価チャートのことを罫線(ケイ線)と呼ぶこともあります。

ローソク足の描き方

ローソク足では、始値／終値／安値／高値の4つの株価を使ってチャートを作っていきます。

始値と終値は四角で表し、この部分のことを「実体」と呼びます。図1.3の左のように、始値より終値が高い場合は、白抜きの四角で始値と終値を表し、陽線と呼びます。一方、始値より終値が安い場合は、黒く塗りつぶした四角で表し、陰線と呼びます。また、四角の上下には高値と安値の線が出ますが、これを「ヒゲ」と呼びます。高値を上ヒゲ、安値を下ヒゲと呼びます。図1.4は、一日の始値／終値／安値／高値に対応するローソク足の例です。

このようにして、日々の株価からローソク足を作ります。そして、日付の古い順に左から右へとローソク足を並べていくと、株価チャートができあがります(次ページの図1.5)。

●図1.3　ローソク足の形

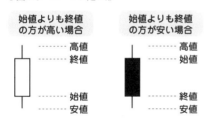

●図1.4　1日分のローソク足の例

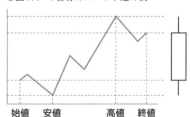

日足／週足／月足とその使い分け

図1.5のように、毎日の株価を元にして描いた株価チャートのことを日足と呼びます。この他、週単位で描く週足や、月単位で描く月足もあります。

日足では日単位の株価の細かな動きを調べることができます。どちらかと言えば、短期売買(数日〜1か月程度)をする場合に向いています。一方の週足は週単位の株価を示しますので、中期売買(数か月〜2年程度)をする場合に向いています。また、月足は月単位の株価を示しますので、株価が長期的にどのような動きをしてきたかを調べるのに使います。

なお、週足では始値はその週の最初の日(通常は月曜日)の始値で、終値

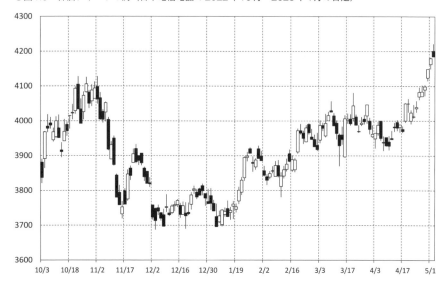

●図1.5　株価チャートの例（日本電信電話の2022年10月～2023年4月の日足）

はその週の最後の日（通常は金曜日）の終値です。高値／安値はその週の中での最高値／最安値です。また、月足の始値は月初の日の始値で、終値は月末の日の終値です。高値／安値は月内での値を使います。

日中の株価の動きを表す分足とティック

　ネット証券によって売買の手数料が大幅に安くなったことから、個人でもデイトレードを行う人が多くなりました。その場合、一日の中での株価の動きを見て、売買タイミングを判断することが必要になります。一日の中での株価の動きは、「1分足」「5分足」「ティック」といったチャートで表します。

　1分足や5分足は、1分や5分といった一定の時間ごとに株価の動きを区切って、チャートにしたものです。

　一方、ティックは約定するたびにローソク足を書き足していくチャートです。売買が多い時間帯ではローソク足が次々と足されることになり、売買がないとローソク足は足されないことになります。そのため、ローソク足1本あたりの時間がばらばらになり、チャートの横軸は時間との関係が薄くなります。

　1分足やティックなどの短時間での株価チャートは、ネット証券の情報サービスなどでも見ることができます。

株価チャートと出来高

　株価チャートには、株価だけでなく「出来高」のグラフも入れるのが一般的です（図1.6）。出来高とは、**売買が成立した株数**です。例えば、買い／売りともに1万株の注文があり、そのすべてが成立したなら、出来高は1万株です。

　出来高は棒グラフで表し、株価チャートの下に入れるのが一般的です。出来高の情報も、テクニカル分析の際によく使います。出来高の見方については、後の42ページで紹介します。

●図1.6　出来高の入った株価チャートの例（日本電信電話の2022年11月～2023年4月の日足）

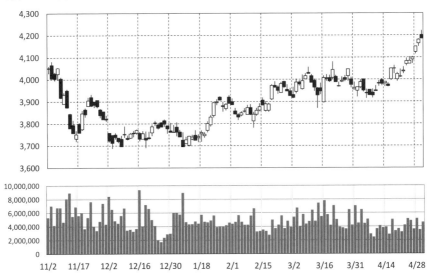

テクニカル指標の表示

　株価チャートには、テクニカル指標も一緒に表示することが多いものです（次ページの図1.7）。第3章以降では、移動平均線など主なテクニカル指標の使い方を紹介しますが、その際には指標入りのチャートも取り上げます。

●図1.7　テクニカル指標の入った株価チャートの例（日本電信電話の日足＋移動平均線＋RSI）

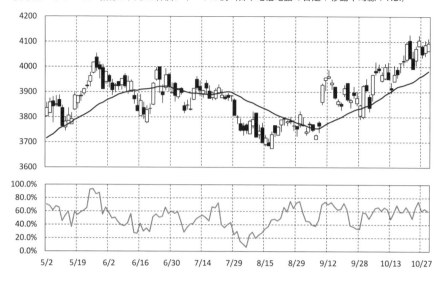

COLUMN

ローソク足以外の株価チャート

　現在の日本ではローソク足の株価チャートが一般的ですが、ローソク足に至るまでに、いくつかのチャートの描き方が考えられてきました。

　まず、「棒足」というチャートがありました。これは、それぞれの日の高値と安値を縦棒で表したものです。ローソク足のヒゲの部分だけを取り出した形になります（図1.8）。日々の値動きの範囲はわかりますが、その日の中で株価が上がったのか下がったのかがわからない、という弱点があります。

　棒足を改良したチャートとして、「いかり足」というものもありました。いかり足では、棒足に始値と終値の情報も加え、また始値から終値の上

昇／下落を矢印にして、日々の値動きを船のいかりのような形で表します（図1.9）。ローソク足と同じ情報が含まれることになりますが、見やすさではローソク足の方が上です。一方、欧米では「バーチャート」と呼ばれるチャートがよく使われています（図1.10）。

　バーチャートは、高値と安値を縦線で結び、その線から左右に始値と終値を表す横棒を引くような形で、四本値を表します（図1.10）。また、ローソク足では陽線は白抜きにし、陰線は中を塗りつぶしましたが、バーチャートでは陽線／陰線の代わりにバーの色を変えて表すことが一般的です（例：始値＜終値なら赤、始値＞終値なら黒にする）。

●図1.8　棒足

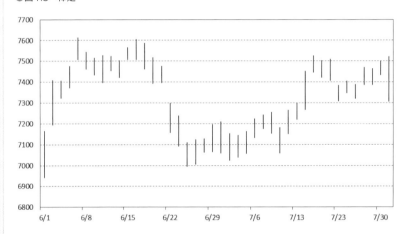

●図1.9　いかり足

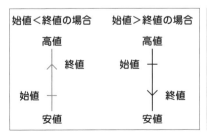

●図1.10　バーチャート

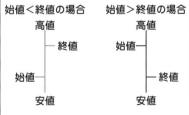

chapter1-2 1本のローソク足の見方と売買タイミング

ローソク足だけでも色々なことがわかる

　ローソク足は形に応じて名前が付いています。また、個々のローソク足からある程度は売買タイミングを判断することもできます。これらの方法について紹介します。

基本的なローソク足

　ローソク足の形はいろいろありますが、大きく分けると表1.1の9種類に分類することができます。

▶小陽線／大陽線／小陰線／大陰線

　小陽線／大陽線は、いずれも始値より終値が上がったことを意味します。小陽線は小幅な値上がりで、大陽線は大幅な値上がりです。「いくら上がったら大陽線か」ということは決まっておらず、普段の値動きと比較して感覚的に判断します。

　小陰線／大陰線は小陽線／大陽線の逆で、いずれも始値より終値が下がったことを意味します。値下がり幅が小さければ小陰線、大きければ大陰線です。

　小陽線／小陰線は、株価チャートの中で頻繁に登場します。一方、大陽線や大陰線が出るのは株価が大きく変動したときですので、それほど頻度は高くありません。

▶上影陽線／上影陰線／下影陽線／下影陰線

　上影陽線と上影陰線は、始値から高値まで大きく上がったものの、伸び悩んで株価が下がり始め、始値の近くまで戻ってしまったことを意味します。株価が長期上昇した後で、このような形が出たら、そろそろ株価上昇に力がなくなってきたと考えられますので、売りのタイミングが近いと判断します。

　下影陽線と下影陰線は上影陽線と上影陰線の逆で、始値から安値まで大きく下がったものの、そこで反発して始値近くまで戻ったことを意味します。株価

が長期下落した後でこの形が出れば、そろそろ株価が反転して上昇しそうなので、買いのタイミングが近いと判断します。

●表1.1　9種類の基本的なローソク足

名前	ローソク足の形	株価の動き	株価の動きの例
小陽線		少し上昇した	終値 始値
小陰線		少し下落した	始値 終値
大陽線		大きく上昇した	終値 始値
大陰線		大きく下落した	始値 終値
上影陽線		上がったものの、途中で下落に転じて、始値よりやや高く終わった	高値 終値 始値
上影陰線		上がったものの、途中で下落に転じて、始値よりやや安く終わった	高値 始値 終値
下影陽線		下がったものの、途中で上昇に転じて、始値よりやや高く終わった	終値 始値 安値
下影陰線		下がったものの、途中で上昇に転じて、始値よりやや安く終わった	始値 終値 安値
寄引同事線		上下したものの、始値と同じ株価で終わった	始値/終値

▶寄引同事線

寄引同事線は、始値と終値が同じになったことを意味します。株価の方向性がはっきりしないときに、この線が出ることがあります。もっとも、始値と終値が同じになることはそう多くはないので、この線が出ることもあまりありません。

基本的なローソク足の例

実際のチャートでローソク足の形を見てみましょう。ここでは、例として**第一カッター興業（1716）**の2021年10月～2022年3月の日足チャートを取り上げます（図1.11）。チャート上に、ローソク足の例を丸で囲んで示しました。このように、チャートにはいろいろな形のローソク足が現れます。小陽線や小陰線はチャートのあちらこちらに出てきますし、大陽線／大陰線／寄引同事線は時々しか出てきません。

上影陽線／陰線や下影陽線／陰線は、株価の向きが変化する前触れになる傾向があります。例えば、2021年11月には上陰陽線が出ていますが、上陰陽線は株価が天井を打つころに出やすいものです。実際、株価はその後1年ほど伸び悩んでいます。

●図1.11　基本的なローソク足の例（第一カッター興業の日足）

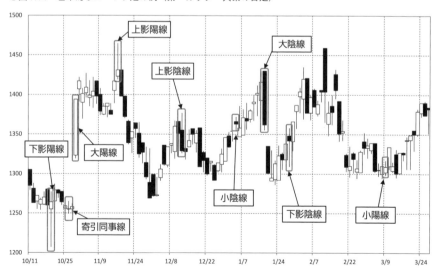

基本形のバリエーション

27ページの表1.1のバリエーションとして、次ページの表1.2のようなローソク足もあります。

▶陽の丸坊主

陽の丸坊主は大陽線の一種で、始値から株価が値下がりせずにぐんぐん上昇して、高値で市場が引けたことを意味します。業績が大幅に上方修正されるなど、何らかの好材料が出て株価が急上昇するときに、陽の丸坊主が出ることがあります。

▶陰の丸坊主

陰の丸坊主は陽の丸坊主の逆で、大陰線の一種です。株価が始値からどんどん下落して、安値で引けたことを意味します。業績悪化や、不祥事の発覚などの悪いニュースが出ると、翌日の株価がこのような動きをすることがよくあります。

▶陽の寄付坊主／陰の大引坊主／トンカチ

陽の寄付坊主や陰の大引坊主は、株価が上昇したものの、勢いが落ちて売られたことを意味します。陽の寄付坊主は始値が安値になった形で、陰の大引坊主は終値が安値になった形です。また、これらの形で、実体の部分が短いものは、特に「**トンカチ**」と呼ばれます。

株価がかなり上がった後でこれらの形が出た場合、株価上昇が終わることもよくあります。ただ、そこが一時的な天井になるだけで、その後もさらに株価が上がることもあります。

▶陽の大引坊主／陰の寄付坊主／カラカサ

これらの形は、前述した陽の寄付坊主／陰の大引坊主／トンカチのちょうど逆の形です。

株価が大きく下がった後でこのような形が出た場合、下げが終わって株価が反転することがよくあります。ただ、その後に株価が一時的に戻って、また下がってしまうこともあります。

● 表1.2 基本形のバリエーション

名前	基本形	ローソク足の形	株価の動き	株価の動きの例
陽の丸坊主	大陽線		始値を割らずに株価が大きく上昇して、高値で終わった	終値／始値（上昇）
陰の丸坊主	大陰線		始値を超えずに株価が大きく下落して、安値で終わった	始値／終値（下落）
陽の寄付坊主	上影陽線		始値を割らずに株価が上昇し、その後反落して始値より高く終わった	高値／終値／始値
陰の大引坊主	上影陰線		株価が上昇した後で反落して、始値より安く終わった	高値／始値／終値
トンカチ	上影陽線		陽の寄付坊主と同じように動き、始値に近いところで終わった	高値／終値／始値
トンカチ	上影陰線		陰の大引坊主と同じように動き、始値に近いところで終わった	高値／始値／終値
陽の大引坊主	下影陽線		株価が下落した後で反発して、高値で終わった	終値／始値／安値
陰の寄付坊主	下影陰線		始値を超えずに株価が下落し、その後反発して始値より安く終わった	始値／終値／安値
カラカサ	下影陽線		陽の大引坊主と同じように動き、始値に近いところで終わった	終値／始値／安値
カラカサ	下影陰線		陰の寄付坊主と同じように動き、始値に近いところで終わった	始値／終値／安値

ローソク足のバリエーションの例

　ローソク足のバリエーションの例として、**マルハニチロ（1333）**の2022年3月〜9月の日足チャートを見てみましょう（図1.12）。

　2022年3月から5月にかけて、株価は下落傾向が続いていました。しかし、5月25日に、ほぼ陰の丸坊主の形が出て、その翌々日に下影陰線が出た後、6月にかけて株価は上昇に転じました。この陰の丸坊主が、底値を示唆するものになったと考えられます（②の部分）。

　一方、6月16日に上ヒゲが極めて短い大陽線が出ていて、ほぼ陽の丸坊主の形です（①の部分）。この後、上ヒゲが長い陽線が2日連続していて、急騰後の天井を示す動きになりました（③の部分）。株価はその後しばらくは徐々に下落する形で推移しています。

　これらのように、ローソク足の形によって売買の判断ができる場合があります。

●図1.12　ローソク足のバリエーションの例（マルハニチロの2022年3月〜9月の日足）

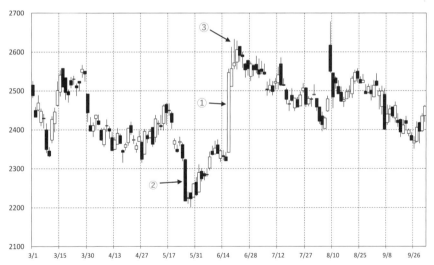

窓と窓埋め

窓は短期で埋まることが多い

　ローソク足のチャートの解説等で、「窓」と「窓埋め」という用語もよく出てきます。この節では、これらの意味や見方を解説します。

「窓」とは

　ある銘柄について、非常に良いニュースが出たとします。たいていの場合は、そのニュースに反応してその銘柄に買いが集まり、株価が急騰します。

　また、そのような大きなニュースは、通常は市場が終わってから発表されます。そのため、ニュースが発表された日の翌日の寄り付き時点で買いが集まり、発表された日の終値と比べて、株価が大きく上がります。

　この2日間の前後のローソク足を描くと、株価が急騰したために、2本の間に隙間ができます。この隙間のことを、**「窓」**と呼びます（図1.13の左）。また、英語で「ギャップ」と呼ぶこともあります。

　なお、ここまでの話は株価が上がって窓ができる場合の例ですが、逆に株価が急落して窓ができることもあります（図1.13の右）。

●図1.13　窓の例

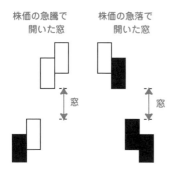

「窓埋め」とは

　前述したように、好材料などで買いが殺到し、株価が大きく急騰して、窓ができることがあります。そして、その急騰がきっかけとなって株価が上昇傾向

に入り、しばらく上がり続けることもあります。

　ただ、その買いが長続きせずに株価が下がりはじめ、窓ができる前の株価水準に戻ってしまうこともあります（図1.14）。このようなことを、「窓を埋める」と呼びます。

　高値でその銘柄を買っていて、その後の株価下落で含み損になっている人もいます。そのような人にとっては、窓ができるほど株価が急騰すれば、含み損が大幅に減少（もしくは利益に転換）します。

　となると、「今のうちに売っておこう」と思って、実際に売りに走る人も出てきます。そのため、株価の上昇が抑えられ、下落に転じて、窓が埋まることがあります。

　ちなみに、「窓はいずれ埋まる」とよく言われます。上で述べたように、株価が急変すると、その逆方向の売買をしようとする人が出やすくなることが、窓が埋まりやすい原因だと考えられます。

　なお、図1.14は株価急騰後の窓埋めの例ですが、株価急落後に反発して窓が埋まることもあります。

●図1.14　窓埋めの例

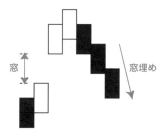

株価が上がってできた窓と窓埋めの例

　実際のチャートで、株価が上がってできた窓と、その窓が埋まるところを見てみましょう。例として、石炭などの会社である**三井松島ホールディングス(1518)**の2022年7月～10月の日足チャートを取り上げます（次ページの図1.15）。

　このチャートを見ると、2022年8月5日と8日の間に、窓ができています。8月5日の引け後に、業績予想の上方修正が発表され、それまでの予想よりも1株あたり利益が50％ほども増える予想となりました。このことから、8日に株価が急騰して窓開けとなりました。

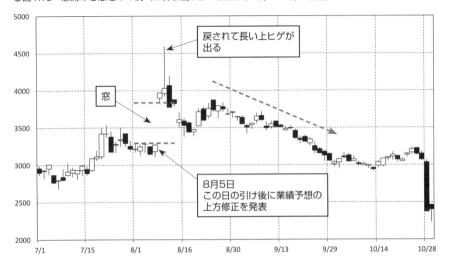

●図1.15　窓開けと窓埋めの例（三井松島HDの2022年7月〜10月の日足）

戻されて長い上ヒゲが出る

窓

8月5日
この日の引け後に業績予想の
上方修正を発表

　その翌日もいったんは株価が急騰しましたが、最終的にはあまり上がらず、長い上ヒゲをつける形になりました。そして、この日から後は株価は下落傾向になり、9月下旬には窓を開ける前の株価水準まで下がっています。

　このように、好材料で窓ができても、それまでの株価の動き方などの状況によっては、窓が埋まりやすくなると考えられます。また、好材料が出ても、市場の状況が悪ければ、それに押されて窓が埋まることもあります。

大きな材料がなくても窓ができることがある

　一般に、窓ができるのは、その銘柄について何らかの大きな材料が出たときです。新製品の発表や、業績の上方修正などがあると、株価が急上昇して窓ができやすくなります。逆に、不祥事の発表や、業績の下方修正などがあると、株価が急落して窓ができやすいのです。

　しかし、個別銘柄にこれといった材料が出ていなくても、市場全体の流れに押されて窓ができることもあります。例えば、特定の銘柄群に人気が集中すると、それらの銘柄に相次いで窓ができる、といったことがあります。また、金融不安など、市場全体を揺るがす状況になると、多くの銘柄の株価が急落して、窓ができやすくなります。

市場全体的な不安が高まって窓ができた例として、自転車専門店を展開する小売業の**あさひ**（3333）の2022年1月〜4月の日足チャートを見てみましょう（図1.16）。2022年2月16日と17日の間に窓ができています。

　この間に、あさひについて、これといった悪材料が発表されたりしたことはありません。ただ、その頃はロシア軍がウクライナ国境付近に展開するなど、ロシアとウクライナとの間に緊張が高まっていた時期でした。また、世界的にインフレが進み、アメリカが3月のFOMCで利上げすることが予想されていました。このような状況で、世界的に株価が下落傾向になっていました。

　日本株も影響を受けて、市場全体的に下落傾向となっていました。それに伴い、あさひの株価も下落して窓ができました。

　また、2021年後半は日本の株式市場は比較的安定していたので、ひとたび売りが始まると、売りが売りを呼ぶ展開になりやすかったとも考えられます。これも窓開けで急落した要因の1つと言えるでしょう。

●図1.16　市場全体の不安で売られて窓ができた例（あさひの2022年1月〜4月の日足）

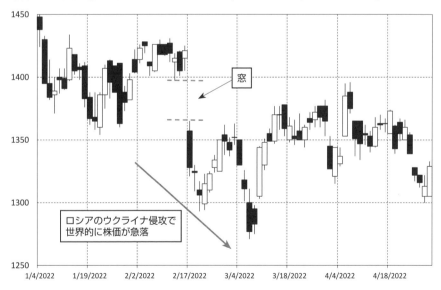

ランク ★★★

ローソク足の組み合わせで売買タイミングを見る

酒田五法は米相場から生まれた

　1本のローソク足だけで売買タイミングを判断するのは、実際にはなかなか難しいものです。そこで、複数本のローソク足を組み合わせて、売買タイミングを判断することを考えてみます。

買いのパターン

　まず、買いと判断するパターンをいくつか紹介しましょう（表1.3）。特に、株価が長期間下落した後に、このようなパターンが出てきたら、買いのタイミングが来たようだと判断します。

　なお、この表では「今日」「前日」という言葉を使っていますが、週足で見る場合は「今週」「先週」に読み替えてください。また、この表のローソク足では上下のヒゲがありませんが、ヒゲがある場合も同じように判断します（高値／安値は使わず、始値／終値を使う）。

▶出会い線／切り込み線／はらみ線

　今日の終値が始値よりは高くなっていますが、前日の始値よりは低いというパターンです。これは、買いに変わりつつあるものの、まだその力があまり強くないことを意味します。この後でさらに陽線が出てくれば、より値上がりが期待できそうです。

▶たすき線／振り分け線／つつみ線

　今日の終値が昨日の始値よりも高くなっている形です。出会い線などの最初の3つに比べると、買いの勢力がより強いことを意味しています。特に、陽線が長いほど株価上昇の勢いが強く、確実性が高いと考えられます。

▶赤三兵

　3日連続して株価が上昇したことを表します。特に、株価が底打ちした後に

このような形が出れば、株価の方向が変わってきたと考えられます。

　もっとも、株価がかなり上がった後でこの形が出た場合は、そこがピークになることも十分にありますので、注意が必要です。

▶三川明けの明星
　大きく値下がりした次の日に小さな値動きになり、その次の日に大きく戻す形

●表1.3　買いに変わるタイミングで出やすいパターン

名前	ローソク足	株価の動き	特　徴
出会い線			今日の終値と前日の終値がほぼ同じ
切り込み線			今日の始値が前日の安値より安く、今日の終値が前日の始値と終値の中間よりも高い
はらみ線			今日の始値が前日の終値よりも高く、今日の終値が前日の始値より安い
たすき線			今日の始値が前日の始値と終値の間にあり、今日の終値が前日の始値より高い
振り分け線			今日の始値と前日の始値がほぼ同じ
つつみ線			今日の始値が前日の終値より安く、今日の終値が前日の始値より高い
赤三兵			３日連続して株価が上昇した
三川明けの明星			大きく値下がりした次の日に小さな値動きになり、その次の日に反転して大きく戻った

です。これは、株価が底打ちしたことを表す形だと考えられます。

買いを判断する例

　複数のローソク足を使って買いを判断する例として、**多木化学（4025）**の2022年2月〜9月の日足チャートを使います（図1.17）。

　まず①の部分（2022年3月）では、2月から下落した後に、**三川明けの明星**が出ています。それまでの下落に幅があり、また三川明けの明星の陽線が長いことから、底打ち感が出ています。その後、4月上旬まで株価は上昇しています。また、②の部分（2022年6月）は、株価下落後に**赤三兵**が出たところで、反発が予想される形です。ただ、その3日間で大きく上がったことから、その後はいったん下落しています。

　その後、③の部分（2022年7月）に、**赤三兵**が再度出ています。株価が上がり始めたところで出た赤三兵であり、①や②のあたりが底であったことを示唆しています。実際、株価はその後上昇傾向になっています。

●図1.17　複数のローソク足で買いを判断する例（多木化学の2022年2月〜9月の日足）

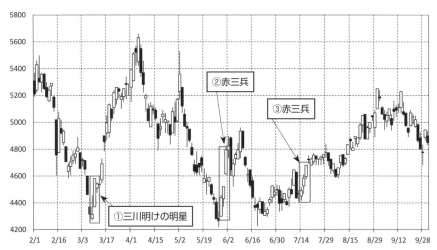

売りのパターン

　売りのパターンは、買いのパターンと逆の形になります。株価が長期間上昇した後にこのような形が出てきたら、売りのタイミングが来たようだと判断しま

す（表1.4）。なお、買いの場合と同様に、週足で考える際には「今日」「前日」などを「今週」「先週」に読み替えてください。また、ヒゲのある場合も同様に判断します。

◉かぶせ線／はらみ線／出会い線

今日の終値が始値より安かったのですが、昨日の始値よりは高い形になって

●表1.4　売りに変わるタイミングで出やすいパターン

名前	ローソク足	株価の動き	特　徴
かぶせ線			今日の始値が前日の終値より高く、今日の終値が前日の始値と終値の間
はらみ線			今日の始値が前日の終値より安く、今日の終値が前日の始値より高い
出会い線			今日の終値と前日の終値が同じ
つつみ線			今日の始値が前日の終値より高く、今日の終値が前日の始値より安い
たすき線			今日の始値が前日の始値と終値の間にあり、今日の終値が前日の始値より安い
振り分け線			今日の始値と前日の始値が同じ
三羽烏			3日連続して株価が下落した
三川宵の明星			大きく値上がりした次の日に小さな値動きになり、その次の日に大きく反落した

います。やや売られぎみであるものの、その勢いはまだそれほど強くない感じです。翌日にさらに株価が値下がりするようだと、売りの勢いがだいぶ強くなってきたと考えられます。

▶つつみ線／たすき線／振り分け線

今日の終値が昨日の終値よりも安くなっています。上の3つに比べると、より売りの勢いが強い形です。

▶三羽烏

株価が3日続けて下落した形です。下落が本格化してきたことを表していると考えられます。ただし、株価が長期間下落した後にこの形が出た場合は、そこが底になることもありますので、注意が必要です。

▶三川宵の明星

大きく値上がりした次の日に小さな値動きになり、その翌日にさらに値下がりする形です。これは、株価がピークを打ったと考えられる形です。

売りを判断する例

今度は、複数のローソク足で売りを判断してみます。例として、**住友大阪セメント（5232）**の2022年1月〜10月の日足チャートを使います（図1.18）。

まず、2022年2月を見てみます（図の①の箇所）。その前は保ち合いの動きでしたが、長い陽線が出た後で**つつみ線**が出ています。この後、株価はしばらく下落傾向で推移しています。

次に、2022年4月を見てみます（図の②の箇所）。窓を開けて株価が急騰したものの、長い上ヒゲを含んだ**三羽烏**が出て、天井を打ったことを示唆する形です。株価は急落してその後しばらく下落が続き、急騰前の水準まで下がり、窓を埋める形になっています。

最後に、2022年8月を見てみます（図の③の箇所）。5月下旬から徐々に上昇してきていましたが、ここで**三川宵の明星**の形が出て、上昇が終わったことを示唆しています。株価はその後しばらく下落する動きになっています。

ただ、複数のローソク足で判断したとして、それが必ずしも正しいとは言えません。判断とは逆の動きになることもあります。いわゆる「**ダマシ**」もよくありま

●図1.18　複数のローソク足で売りを判断する例（住友大阪セメントの2022年1月〜10月の日足）

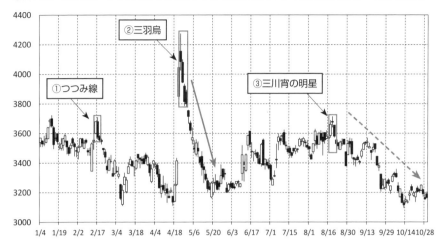

すので、注意が必要です。

COLUMN

酒田五法

　ローソク足の並び方や形から株価の動きを分析する方法としては、「酒田五法」が有名です。酒田五法は、江戸時代に本間宗久が編み出した手法で、米相場の動きを分析するために使われていました。本間宗久は庄内地方の酒田で米の売買を行っていたことから、「酒田」の名前がついています。

　酒田五法は大きく分けて「三山」「三兵」「三川」「三空」「三法」の5つの法則から構成されています。いずれの法則にも「三」が含まれていて、三という数を重視しているのが特徴です。

　ここでは「赤三兵」や「三川明けの明星」などを紹介しましたが、これらも酒田五法の中にあるものです。赤三兵は三兵の1つで、三川明けの明星は三川の1つです。他にも、酒田五法にはさまざまな法則があります。

　酒田五法に関する書籍もいくつか出ていますので、興味のある方は読まれると良いでしょう。

chapter1-5 株価と出来高の関係

株価だけでなく出来高にも注目する

売買タイミングを判断する上で、出来高も組み合わせて考えることもあります。ここでは、その方法について解説します。

株価と出来高は連動しやすい

株価と出来高の動きを見比べると、両者が連動する傾向があることがわかります。つまり、株価が上がれば出来高も伸び、株価が下がれば出来高も減ります。

株価が上がると、「買って儲けよう」と考える人が増えて、出来高も増えます。

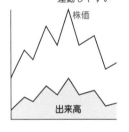

●図1.19　株価と出来高は連動しやすい

特に、株価が急上昇すると、「今買わないと乗り遅れる」という雰囲気になって買いが殺到するため、出来高も一気に伸びます。逆に、株価が下がってくると、買おうとする人が減り、出来高も減っていきます（図1.19）。

ただ、出来高が急に増えたときは、えてして天井になることがよくあります。「自分も買わないと乗り遅れる」とあせって考えずに、冷静に見送った方が無難です。

出来高が株価に先行することもある

ただ、株価が動きだす前に、出来高が先に動き出すこともあります。

例えば、株価がある程度下がってくると、「そろそろ反転するのではないか」という思惑で、買いを入れる人が出てきます。そのため、株価が反転するより前に、出来高が先に増えることもあります（図1.20）。そのような兆候が見えたら、買いのタイミングが近いと考えられます。

また、株価が急落すると、「今のうちに売らないとまずい」と考えて、売ろうとする人が増えてきます。一方で「今なら安く買える」と考える人も出て、出来

高が増えることがあります。

　株価は上がっているのに、出来高があまり伸びないこともあります。これは、「そろそろ下がり始めるのではないか」と思った人が売買をやめたために、出来高が伸びにくくなっていることから起こります（図1.21）。これは売りのタイミングを判断する材料になります。

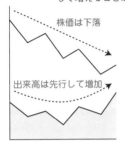

●図1.20　株価が底を打つ前に出来高が先行して増えることがある

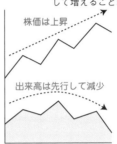

●図1.21　株価が天井を打つ前に出来高が先行して増えることがある

出来高と株価の関係の例

　実際のチャートで、出来高と株価の関係を見てみましょう。まず、次ページのGunosy（6047）の2022年2月〜5月の日足チャートを例にとります（図1.22）。

　2022年3月中旬までは株価の動きが小さく、出来高も少ない状態でした。しかし、3月から4月にかけて株価が急騰し、出来高も大幅に増えています。そして、株価がいったん天井を打ったあたりで、出来高もピークになっていることがわかります（①の部分）。一方、株価が天井から下がり始めると、出来高も徐々に減少傾向となっています（②の部分）。

　次は、オークマ（6103）の2022年1月〜5月の日足チャートです（次ページの図1.23）。2月下旬までは株価は徐々に下がっていますが、出来高の変動はあまりない状態が続いています（①の部分）。しかし、3月に入って株価が大きく下がると、出来高も大きく増加しています。特に、株価が底に近い時期に出来高が急増していて、「今売らないとまずい」と考えた投資家が投げ売りしたことが考えられます（②の部分）。その後、株価は底を打って上昇しており、買いを入れるにはこのようなポイントも良さそうです。

●図1.22　株価と出来高が連動している例（Gunosyの2022年2月～5月の日足）

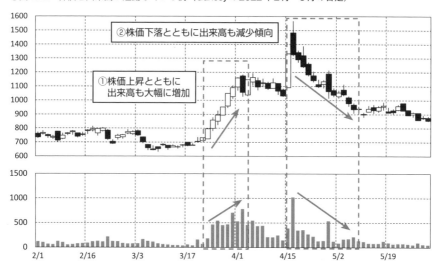

●図1.23　出来高が株価に先行した例（オークマの2022年1月～5月の日足）

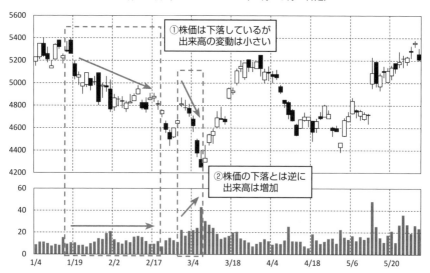

chapter1-6 トレンドの見方と支持線／抵抗線

トレンドの特徴とダウ理論

株でうまく儲けるためには、株価の動く方向を把握して、それに合わせた売買を行うようにします。その際に重要になるのが、「トレンド」や「支持線」「抵抗線」です。ここでは、これらについて解説します。

トレンドとそれを表す線（トレンドライン）

株価は日々上がったり下がったりしますが、ある程度の期間の株価の動きを見ると上昇／下落／保ち合い（「もちあい」と読み、横ばいのこと）の傾向が見えてきます。この傾向（トレンド）がわかるように、チャート上に引く線のことを、「トレンドライン」と呼びます。テクニカル分析を行う際に、トレンドラインは非常によく使われます。

株価は波のように上下して動きますが、その波の下側と上側のそれぞれに接する線を引くと、トレンドラインができます。下側に接する線は、短期〜中期的な安値と安値の間を結んでいくことになります。逆に、上側に接する線は、高値と高値の間を結んでいきます。また、上下のトレンドラインは平行になることがよくあります（図1.24〜図1.26）。

ただ、実際のチャートでは図1.24のようなきれいな波にはなりませんので、見た目で判断してトレンドラインを引きます。また、トレンドラインは一度引いたら終わりではなく、適宜見直して引きなおすようにします。

●図1.24　上昇トレンド時のトレンドラインとその描き方

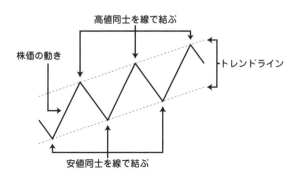

高値同士を線で結ぶ

株価の動き

トレンドライン

安値同士を線で結ぶ

●図1.25　下落トレンド時のトレンドライン　　●図1.26　保ち合いトレンド時のトレンドライン

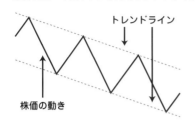

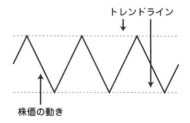

上値抵抗線

　株価が上昇トレンドになると、しばらく上昇して一時的に下落し、また上昇するというような動きになりやすいものです。この一時的な下げを「**押し目**」と呼びます。

　上昇トレンドが続く間は、押し目の後に株価は直近の高値を上回り、その次の高値は直近の高値よりも高くなります。同時に、押し目の安値は直近の安値を上回り、その次の安値は直近の安値よりも高くなります。これは「**ダウ理論**」と呼ばれ、一般的に認識されています。一方、直近の高値を上回ることができなければ、株価はそれ以上上がりにくくなります。

　株価が上昇する上で節目となるような線のことを、「**上値抵抗線**」と呼びます（「レジスタンス・ライン」や「レジスタンス」とも言います）。上値抵抗線を超えると株価はさらに上がりやすく、その前で下がってしまえば上昇は続きにくくなります。

　前述の内容から、押し目の直近の高値から水平に線を引くと、それが1つの上値抵抗線になります（図1.27）。また、トレンドラインの上側の線も、上値抵抗線になります。

●図1.27　押し目の直近の高値から引いた上値抵抗線

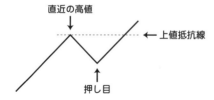

◉上昇トレンド時の買いポイント

株価が上値抵抗線を上回ってきたら、さらに上昇が続くと考えられますので、買いのポイントとなります。図1.28の①のように、直近の高値からの上値抵抗線を超えたところは買いポイントです。

一方、上昇トレンド時に押し目から反発した時点で、すばやく買う方法も考えられます（図1.28の②）。上昇トレンドになってから1回目の押し目のときなど、上昇トレンドになってから時間がまだあまりたっていない場合は、これも良い方法です。

ただこの場合、直近の高値を上回る前に買うことになり、上昇トレンドが続くかどうかを確認しないことになります。そのため、①のポイントで買う場合に比べると、確実性は落ちます。

●図1.28　上昇トレンド時の買いポイント

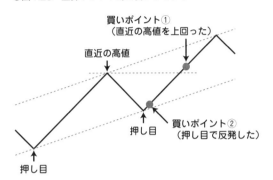

◉買いポイントの判断例

それでは、トレンドラインや上値抵抗線を使って、買いポイントを判断する例を1つあげておきます。**ゴルフダイジェスト・オンライン（3319）**の2022年4月〜10月の日足チャートを使います（次ページの図1.29）。

2022年4月頃までは下落の動きでしたが、その後に上昇して、2022年5月上旬から8月にかけて上昇トレンドができています。その中で、2022年7月に株価の動きが鈍って押し目をつけ、その後に直近の高値を上回っています。ここが買いポイントになります（買いポイント①）。また、2022年8月にも再度押し目をつけ、そのすぐ後に直近の高値を超えて、買いポイントになっています（買いポイント②）。その後は上側のトレンドラインも超えています。

ただ、買いポイント①は、その後の上昇は短い期間で終わっていて、値幅もさほど大きくはありません。このように、株価が上値抵抗線を上回ったからといって、必ずしも株価が大きく上昇するとは限りません。場合によってはダマシになることもあります。

●図1.29　買いポイントの判断の例（ゴルフダイジェスト・オンラインの2022年4月〜10月の日足）

チャート提供：TradingView（https://jp.tradingview.com）

下値支持線

　下落トレンドのときの考え方は、上昇トレンドのときとちょうど逆になります。

　下落トレンドになると、しばらく下落した後に一時的に上昇して、再度下落します。この一時的な上昇を「戻り」と呼びます。下落トレンドが続く限りは、戻りの後に株価は直近の安値を下回り、その次の安値は直近の安値よりさらに安くなります。同時に、戻りの高値も直近の高値を下回っていき、高値も安値も切り下がっていきます。これもダウ理論の考え方です。一方、直近の安値まで下がらずに反発した場合は、それ以上は下がりにくいと考えます。

　下落トレンドでの節目になる線のことを、「**下値支持線**」と呼びます（「サポート・ライン」や「サポート」とも言います）。下値支持線を下回ると株価はさらに下落しやすく、その前で反発すれば下落は続きにくくなります。

　戻りの際の直近の安値は、1つの下値支持線になります（図1.30）。また、トレンドラインの下側の線も下値支持線になります。

▶下落トレンド時の売りポイント

　株価が下値支持線を下回ると、一段と下落する傾向があります。したがって、

そこが売りのポイントとなります。図1.31の①のように、直近の安値からの下値支持線を下回ったところは売りポイントです。

　一方、戻りから反落した時点ですぐに売る方法も考えられます（図1.31の②）。ただ、直近の安値を下回る前に売ることになり、下落トレンドが続くかどうかを確認しないことになります。そのため、売りが早くなりすぎて、失敗することもあります。

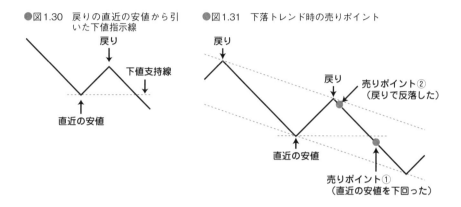

●図1.30　戻りの直近の安値から引いた下値指示線

●図1.31　下落トレンド時の売りポイント

▶売りポイントの判断例

　今度は、トレンドラインや下値支持線で、売りポイントを判断してみましょう。例として、**日清製粉グループ本社（2002）**の2021年8月〜2022年2月の日足チャートを使います（次ページの図1.32）。

　2021年9月から後は下落トレンドになっています。この間に戻りが3回あり（戻り①〜戻り③）、いずれも戻りの後で直近の安値を下回っています。これらが売りポイントになります（売りポイント①〜売りポイント③）。

　2021年9月の高値から、2022年2月の安値までで、株価は約20％下落しています。高値の時期に日清製粉グループ本社を買っていたのであれば、少なくとも売りポイント①で売っておくべきでした。

　また、①で売り損ねたとしても、戻り②をすぎた時点で、上側のトレンドラインで株価が抑えられていることに気づいて、売っておくべきだったと言えます。

　このように、トレンドラインや抵抗線／支持線を見ることで、ある程度は売買タイミングを判断することができます。

●図1.32　売りポイントの判断例（日清製粉Ｇ本社の2021年8月〜2022年2月の日足）

チャート提供：TradingView（https://jp.tradingview.com）

トレンドの転換と売買タイミング

　株価がいつまでも同じ方向に動くことはありません。いずれはトレンドが終わり、違うトレンドが始まります。これまでのトレンドラインから株価が外れた場合、そろそろトレンドが変化しそうだと判断して、買う（売る）ことを考えるべきです。

▶上昇トレンドから下落トレンドへの転換

　上昇トレンドがしばらく続いた後で、株価が下側のトレンドラインを割り込んで下がった場合（図1.33の売りポイント①）、これはトレンドが変わる兆しです。したがって、売りのタイミングと判断します。

　ただ、このポイントの場合、長期的な上昇トレンドが一時的に変わっただけで、再度上昇トレンドに戻ることもあります。そこで、持ち株を全部売るのではなく、半分だけ売るというような方法をとるのも良いでしょう。

　また、株価が直近の安値を下回ってきた場合は（図1.33の売りポイント②）、①の売りポイントに比べて、トレンドの転換がより確実になっています。したがって、持っている株は売っておくべきでしょう。

▶下落トレンドから上昇トレンドへの転換

　下落トレンドから上昇トレンドへの転換も、同じように考えることができます。

　下落トレンドが続いた後で、株価が上側のトレンドラインを超えて上がった場合は、トレンドが変わる兆しだと言えます。そこで、買いのタイミングが来たと判断します（図1.34の買いポイント①）。ただ、この場合は一時的な戻りにすぎない可能性がありますので、全力で買わずに資金を残しておく方が確実でしょう。

　一方、株価が直近の高値を上回ってきた場合は（図1.34の買いポイント②）、①のポイントに比べてより確実性が高いと考えられます。ここでさらに買いを入れると良いでしょう。

▶上昇／下落トレンドから保ち合いトレンドへの転換

　上昇トレンドが終わった後は、必ずしも下落トレンドになるとは限りません。保ち合いトレンドになることもあります。同様に、下落トレンドの後に保ち合いトレンドになることもあります。

　「下落トレンドが転換した」と思って買った後、保ち合いトレンドになった場合は、状況を見て損切りすることも必要になります。保ち合いトレンドのときの売買タイミングの見方については、57ページを参照してください。

●図1.33　上昇トレンドが転換するときの売りポイント　　●図1.34　下落トレンドが転換するときの買いポイント

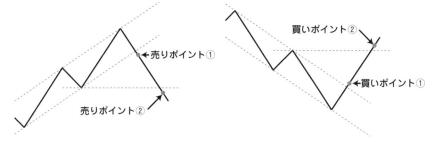

▶トレンド転換時の売買タイミングの判断例

　トレンドが転換したときの売買タイミングの判断例として、**ツルハホールディングス（3391）**の2021年10月〜2022年12月の日足チャートを見てみましょう（次ページの図1.35）。

2021年12月から2022年5月にかけて下落トレンドになっています。しかし、2022年5月中旬に上側のトレンドラインを上回り、買いと判断する状況になっています（図中の①）。ただ、その後は横ばい気味になり、しばらくはあまり変化がありませんでした。

　しかし、2022年6月頃からトレンドに変化が出始め、上昇方向になりました。6月下旬にそれまでの上値抵抗線を超えると、その後は上昇トレンドに変わっています（図中の②）。このタイミングで買っておけば良かったと言えます。

●図1.35　トレンド転換時の買いタイミングの判断例（ツルハHDの日足）

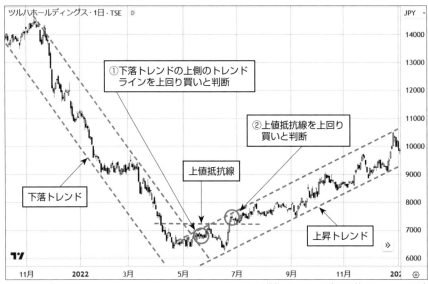

チャート提供：TradingView（https://jp.tradingview.com）

chapter1-7 株価の動くパターン

パターンで天井や底を予測する

株価が天井を打つときや、底をつけるとき、また保ち合いになるときには、株価の動きがあるパターンに合うことがあります。そのようなパターンを元に、売買タイミングを判断することも考えられます。

天井を打つときのパターン

株価が天井を打つときには、「**ダブルトップ型**」や「**ヘッド・アンド・ショルダー型**」といった形が出ることがあります。

▶ダブルトップ型

ダブルトップ型は、天井を2回打った後、株価が下落する形です。2回の天井は、ほぼ同じ株価になる傾向があります。

株価が天井を打って下がった後、押し目買いが入って再度上昇することは多いものです。ただ、前回の高値のあたりまで来ると、そのときに買った人の中には、「今のうちに売っておかないと損失になるかも」と考える人も出てきます。そのような人が多いと、前回の高値とほぼ同じところで株価が下がりだしてしまい、ダブルトップ型になるわけです。

押し目から水平に引いた線を、「**ネックライン**」と呼びます。ダブルトップ型が出た後、株価がネックラインを割り込むと、下落に転じることが多くなります。

●図1.36　ダブルトップ型とそれが出たときの売りポイント

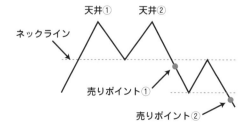

したがって、ネックラインを割ったところが売りポイントです（図1.36の売りポイント①）。

　ただ、ネックラインを割って株価が下がった後、再度ネックライン付近まで戻ることもあります。ネックライン後に安値をつけ、そこを割り込んでくるようだと、下落の可能性がより高いので、売りポイントになります（図1.36の売りポイント②）。

❯ヘッド・アンド・ショルダー型

　ヘッド・アンド・ショルダー型は、天井を3回打って株価が下落する形です。日本語では「三尊天井」とも呼びます。

　3つの天井のうち、最初と最後の高値はほぼ同じになる傾向があります。また、3つの天井の間には押し目が2回きますが、それらの安値もほぼ同じになります。

　真ん中の天井の後の押し目で、「前回もこのあたりで反発したから、また上がるのでは」という思惑の買いが入って上昇します。ところが、最初の天井と同じぐらいまで来ると、「そろそろ下がるかも」と考える人が増えだして、それによって最後の天井ができます。このようにして、ヘッド・アンド・ショルダー型が形成されます。

　売りポイントの判断の仕方は、ダブルトップ型と同じです。ネックラインを下回ったところが最初の売りポイントです（図1.37の売りポイント①）。そして、ネックライン後の安値を下回ったところが2回目の売りポイントです（図1.37の売りポイント②）。

●図1.37　ヘッド・アンド・ショルダー型とそれが出たときの売りポイント

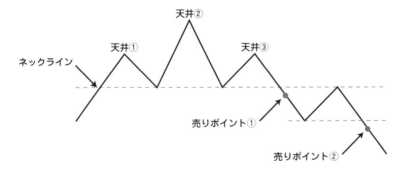

図1.38は、**EBASE（3835）** の2020年4月〜2021年2月の日足チャートです。2020年5月から10月にかけて、ヘッド・アンド・ショルダー型が出ています。また、ネックラインを割り込んだ後は、株価は下落しています。

売りポイント①のところで、ヘッド・アンド・ショルダー型のネックラインを割り込んでいますので、ここも売りポイントになります。また、売りポイント②では、ネックライン後の安値も下回っていますので、まだこの時点でEBASEを持っていたなら、このポイントで必ず売っておくべきだったと言えます。

●図1.38　天井でヘッド・アンド・ショルダーが出た例（EBASEの2020年4月〜2021年2月の日足）

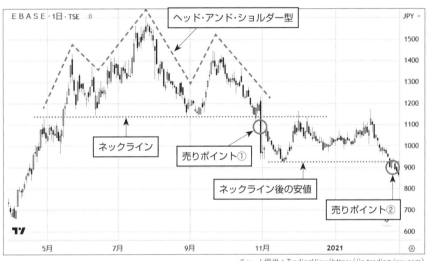

チャート提供：TradingView（https://jp.tradingview.com）

底を打つ時のパターン

底を打つときには、天井と逆のパターンが出ることがあります。底が2つできる場合を**ダブルボトム型**、底が3つできる場合を**逆ヘッド・アンド・ショルダー型**と呼びます。

ダブルボトム型では、2つの底がほぼ同じ株価になります。また、逆ヘッド・アンド・ショルダー型では、最初の底と最後の底がほぼ同じ株価になり、底と底の間の戻りもほぼ同じ株価になります。

買いのポイントは、ネックラインを抜いたところです（図1.39／図1.40の買い

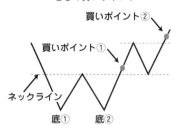

●図1.39 ダブルボトム型とそれが出たときの買いポイント

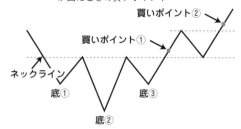

●図1.40 逆ヘッド・アンド・ショルダー型とそれが出たときの買いポイント

ポイント①)。ただ、ネックラインを抜いて上昇した後に、再度ネックライン付近まで下がることもあります。その場合は、ネックライン後の最初の高値を抜いてから買うことも考えられます（図1.39／図1.40の買いポイント②)。

▶底でのパターンの例

底で出るパターンと売買タイミングの判断例として、**第一三共（4568）**の2021年11月～2022年8月の日足チャートを見てみましょう（図1.41）。

2022年1月から4月にかけて、**ダブルボトム型**ができています。底は2,288円と2,326円で、おおむね同じ株価水準でした。また、2,850円付近にネックラ

●図1.41 底でダブルボトムが出た例（第一三共の2021年11月～2022年8月の日足）

チャート提供：TradingView（https://jp.tradingview.com）

インがあります。そして、2022年4月上旬に株価がネックラインを超えて、その後は上昇傾向になっています（買いポイント①）。

　また、ネックラインを超えた後、4か月ほど株価が上下した後、再度上昇に転じています。この場合、ネックライン突破直後の高値を超えたところも買いポイントとなります（買いポイント②）。

保ち合いのパターン

　上昇トレンドや下落トレンドが止まって保ち合いになることもありますが、そのときにもパターンが出ることがあります。

●上下のトレンドラインが平行になるパターン

　保ち合いのパターンには、上下のトレンドラインが平行になるものと、徐々に収束していくものがあります。まずは、上下が平行になるものから紹介しましょう。

　このタイプにはボックス型とフラッグ型があります。ボックス型は上下のトレンドラインが水平になっているもので、フラッグ型は上下どちらかに傾いているものです。ボックス／フラッグになる前の株価の向きによって、上昇型と下降型の2通りがあります。

●表1.5　上下のトレンドラインが平行になるパターン

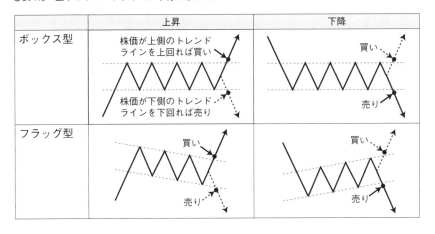

これらのパターンが出た後には、保ち合いに入る前と同じ方向に株価が動くことが多いと言われています。例えば、上昇フラッグ型なら、保ち合いになる前には上昇してきていますので、抜けるときも上昇することが多いわけです（表1.5の実線で示した方向）。

　ただ、必ずしもそうなるとは限りません。株価が上側のトレンドラインを超えれば買いですし、下側のトレンドラインを割り込めば売りです。

●上下のトレンドラインが収束するパターン

　上下のトレンドラインが平行にならずに、徐々に収束していくパターンもあります。このタイプには、「三角形型」、「ウェッジ型」、「ペナント型」があります。

　三角形型は、片側のトレンドラインが水平で、もう片方が徐々に迫ってきて収束する形です。ウェッジ型は、上下のトレンドラインが同じ方向に進みながら収束する形です。そして、ペナント型は上のトレンドラインが下がり、下のトレンドラインが上がって収束する形です。

　これらのパターンでも、保ち合いから抜けるときには、その前と同じ方向に

●表1.6　上下のトレンドラインが収束するパターン

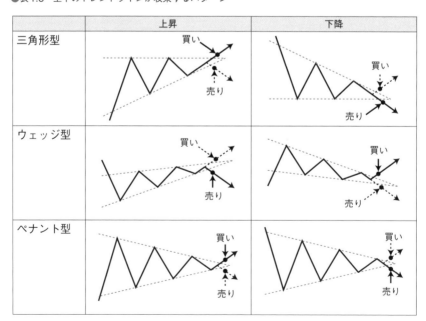

株価が動くことが多いと言われています（表1.6の実線で示した方向）。ただ、反対方向に動くこともありますので、**株価が上下どちらのトレンドラインを抜くかを見て、売買を判断します。**

　もっとも、株価が上下のトレンドラインの外に抜けるのは、株価の動きがかなり収束した後になることが多いものです。そのため、株価が上に抜けたと思ったらすぐに再度下に抜けるなどして、判断が難しくなることもあります。

◉保ち合いのパターンで売買タイミングを判断する例

　図1.42は、**アツギ(3529)**の2022年3月～10月の日足チャートです。このチャートを見ると、2022年5月から6月にかけて、上昇ウェッジ型のパターンが出ています。そして、6月中旬に下側のトレンドラインを抜けていますので、そこが売りポイントです。実際、株価はその後どんどん下落し、10月には30％近く下がっています。

●図1.42　保ち合いのパターンで売買タイミングを判断する例（アツギの日足）

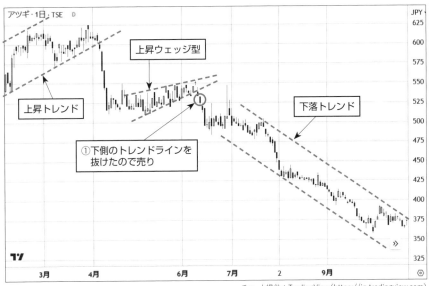

チャート提供：TradingView(https://jp.tradingview.com)

ランク ★★☆

ペンタゴンチャート

黄金比で株価の動きを判断する

　「ペンタゴンチャート」は、株価チャートの中に正五角形を描き入れて株価の動きを見ようというものです。

黄金比とフィボナッチ数列

　ペンタゴンチャートは、「**黄金比**」という考え方に基づいています。そこで、まず黄金比について簡単にお話しておきましょう。

▶黄金比

　黄金比とは、人間が目で見たときに最も美しいと感じる比率のことで、数値で表すと1：0.618です。古代からこの黄金比はよく使われており、例えば神殿の縦横の比などに使われてきました。現代でも、名刺の横と縦の長さの比などに、黄金比が使われています（図1.43）。

●図1.43　黄金比

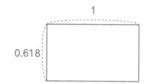

▶フィボナッチ数列

　黄金比は、**フィボナッチ数列**という数の並びと関係しています。フィボナッチ数列は、「1番目と2番目は1」「3番目以降は、1つ前と2つ前の数を足したもの」という決まりでできるもので、以下のような並びです。

　　1、1、2、3、5、8、13、21、34、55、89、‥‥

　この数列で、「2番目を1番目で割る」「3番目を2番目で割る」‥‥というような計算を順に行ってみると、以下のようになります。

　　$1 \div 1 = 1$、$1 \div 2 = 0.5$、$2 \div 3 = 0.666 \cdots$、$3 \div 5 = 0.6$、$5 \div 8 = 0.625$
　　$8 \div 13 = 0.6153 \cdots$、$13 \div 21 = 0.6190 \cdots$、$21 \div 34 = 0.6176 \cdots$

　このように、割り算した結果は、徐々に黄金比に近づいていきます。

ペンタゴンチャートの特徴

ペンタゴンチャートは、「株価も黄金比に沿って動く」という考え方に基づいたものです。「ペンタゴン」は五角形のことですが、ペンタゴンチャートは株価チャートの中に正五角形とその対角線を描いて作ります。

正五角形の中には、黄金比があちこちにあります。例えば、辺と対角線の長さの比は黄金比になっています（図1.44）。そのため、正五角形を使うと黄金比を視覚的に把握しやすいのです。

ペンタゴンチャートが上手くできあがると、株価が正五角形の対角線に沿って動いたり、株価が対角線の交点のあたりを通ったりした後、ペンタゴンの辺から外に出る傾向が出ます（図1.45）。

●図1.44　辺と対角線の比が黄金比になっている

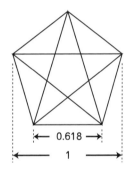

●図1.45　株価がペンタゴンの対角線に沿ったり、交点のあたりを通ったりしやすい

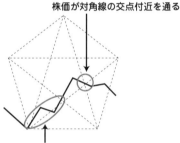

株価が対角線の交点付近を通る

株価がペンタゴンの対角線に沿って動く

ペンタゴンチャートの描き方

それでは、実際にペンタゴンチャートを描いてみましょう。

●1つ目のペンタゴンを決める

まず、1つ目のペンタゴンの位置や大きさを決めます。

ペンタゴンの最初の頂点は、株価が節目を迎えた点にします（底を打った点か、もしくは天井を打った点）。そして、次の節目までの株価がペンタゴンの対角線に沿い、かつ次の節目がペンタゴンの対角線の反対側に来るように、ペンタゴンの大きさを変えたり、株価チャートの縦横の長さを調整したりします。このようにすると、その後のペンタゴンを比較的うまく描けるようです。

紙に印刷されたチャートでは、チャートの縦横の長さを自由に変えるのは難しいものです。そこで、パソコンの画面にチャートとペンタゴンを表示して、ペンタゴンの大きさや株価チャートの縦横の長さを変えながら、1つ目のペンタゴンを決めると良いでしょう。

　図1.46は、2018年1月～6月の日経平均株価で、1つ目のペンタゴンを描いた例です。2018年3月26日の安値をペンタゴンの基点にし、5月21日の高値を対角線の反対側にして、ペンタゴンを描いています。この例では下にとがっていますが、上にとがったペンタゴンにすることもできます（図1.47）。

●図1.46　1つ目のペンタゴンを決めた例（日経平均株価）

●図1.47　1つ目のペンタゴンを決めた例（日経平均株価）

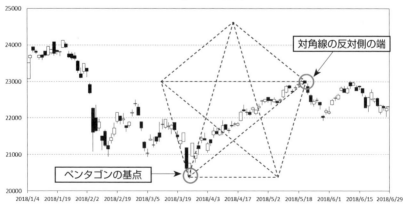

❯ペンタゴンを継ぎ足す

　後は、株価がペンタゴンの外に出るたびに、その出た辺に次のペンタゴンを継ぎ足していきます（図1.48）。

　ただし、ペンタゴンは上／下／右のいずれかに継ぎ足さなければなりません。図1.49のABやACの辺に株価が抜けた場合、ペンタゴンを左に継ぎ足すことになりますが、これは時間が過去に戻ってしまうことを意味します。

　そうなってしまった場合は、1つ目のペンタゴンに問題があります。位置が良くないか、大きさが良くないか、もしくは向きに問題があるかのどれかです。これらを変えて、最初からペンタゴンの作図をやり直します。

●図1.48　ペンタゴンの継ぎ足し方の例

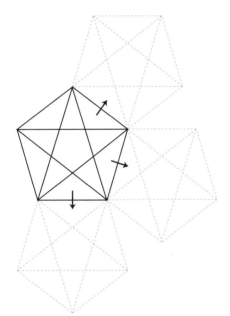

●図1.49　過去方向にペンタゴンが継ぎ足された例

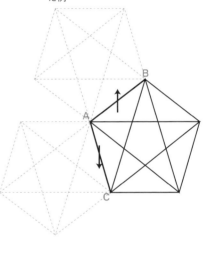

❯ペンタゴンチャートの例

　次ページの図1.50は、日経平均株価の2016年1月〜2018年7月の日足チャートに、ペンタゴンを追加した例です。

　1つ目のペンタゴンの基点と終点は、2016年2月上旬の安値と、2016年4月下旬の高値になるようにしました。

　このチャートを見てみると、2つ目以降のペンタゴンでも、株価が対角線に沿っ

て動いたり、対角線の交点の付近を通ったりするところがあることがわかります。

●図1.50　ペンタゴンチャートの例（日経平均株価）

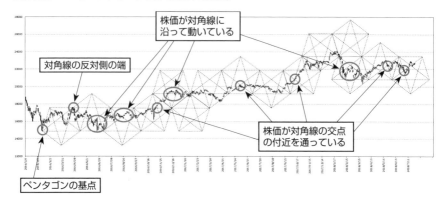

COLUMN

柴田罫線

　チャートのパターンから売買タイミングを判断する方法として、「柴田罫線」も紹介しておきましょう。

　柴田罫線は故柴田秋豊氏が考案した手法で、「カギ足」と「棒足」の2つのチャートを組み合わせ、そこに現れるパターンを分析して、売買タイミングを判断します。

　カギ足は、株価がある値幅だけ動いたときだけ線を追加するチャートです。カギ足は本書の126ページでも解説していますが、柴田罫線のカギ足では値幅の取り方が独自のものになっています。カギ足のパターンによって「ろく買」や「ろあ買」などの法則があります。

　また、棒足はローソク足のことで、その並び方や形などのパターンから売買タイミングを判断します。

　柴田罫線は関連書籍がいくつか出ていますので、興味のある方は読まれると良いでしょう。

ペンタゴンチャートでの株価の予測

　前述したように、株価はペンタゴンの対角線に沿って動いたり、対角線の交点の近くを通ったりします。そこで、今後の株価の動きを予測するのに、ペンタゴンチャートを使うことが考えられます。

　例えば、先ほどの日経平均株価の例を考えてみましょう。図1.51は、2018年1月以降の部分だけを切り取ったペンタゴンチャートです。

　右端までのローソク足の流れで行くと、この後は①〜③のいずれかにペンタゴンを追加することになります。ただ、ここまでの株価の動きが小幅であること、また株価がペンタゴンの対角線沿いや対角線同士の交点を通りやすいことから、この後の動きは図中のA〜Cのどれかの矢印に近くなりそうです。

●図1.51　ペンタゴンチャートでの株価の予測例（日経平均株価）

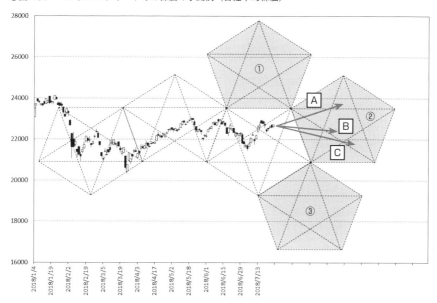

ペンタゴンチャートの難点

　ペンタゴンチャートの最大の難点は、「作図が難しい」という点です。ペンタゴンの起点をいつにし、大きさをどのぐらいにすれば良いのかなど、手探りで

決めなければならないことが多いからです。

　しかも、一度描いただけではペンタゴンが決まらずに、何度もやり直してようやく良いペンタゴンが決まることもよくあります。特に、印刷されたチャートにペンタゴンを合わせようとすると、まず合わないでしょう。

　最近では、ネット証券の有料情報サービスなどに、パソコンの画面上でペンタゴンチャートを作図する機能が追加されてきていますので、そういったサービスを利用すると良いでしょう。auカブコム証券の「ウルトラチャート」などはペンタゴンチャートを装備しています。

COLUMN

フィボナッチ・リトレースメント

　フィボナッチ数を使った分析手法の1つに、「フィボナッチ・リトレースメント」という手法があります。

　フィボナッチ・リトレースメントは、押し目や戻りの水準を判断する際に使います。押し目の水準を判断する場合、その直前の上昇の底と天井の幅を、下から38.2%／下から50%／下から61.8%などに切って線を引きます。それらの線が、押し目の目標となる株価にあたります（図1.52）。戻りの判断も同様にして行うことができます。

　ただし、フィボナッチ・リトレースメントはFXのチャートではよく使われていますが、株のチャートではあまり使われていないようです。

●図1.52　フィボナッチ・リトレースメントで押し目の目標に線を引く

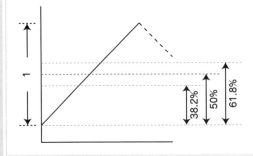

エリオット波動

将来の上昇や下降の値幅水準を予測する

　エリオット波動は、株価のトレンドの分析や目標株価の算定によく使われているポピュラーな手法です。

エリオット波動の基本的な考え方

　エリオット波動論とは、米国の著名なR.N.エリオット氏が提唱した考え方です。大まかに言えば、「株価の上下の波には、一定の秩序がある」という考え方をします。

　エリオット波動の考え方の中で、最も基本となるのは、「**上昇5波動**」と「**下降3波動**」という考え方です。

　上昇トレンドは、5つの波に分けられると考えます。そのうちの3回が上昇で、それぞれの上昇の間に下降が起こるとします。5つの波を「第1波」～「第5波」のように呼ぶことが多いです。また株価が上昇する第1波／第3波／第5波を「衝撃波」と呼び、株価が下落する第2波／第4波を「修正波」と呼びます。

　一方、下落トレンド時には、下降が2回と上昇が1回の計3回の波が起こると考えます。3つの波を「a波」～「c波」のように呼ぶことが多いです（図1.53）。

　また、個々の波動は、さらに細かな上昇5波動や下降3波動に分けられると

●図1.53　エリオット波動の上昇5波動と下降3波動

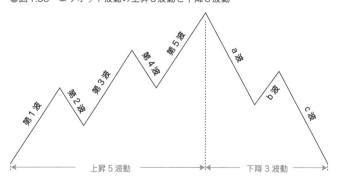

第1波　第2波　第3波　第4波　第5波　a波　b波　c波

上昇5波動　　　　下降3波動

考えます。図1.53は1つの波動を1本の直線で表していますが、例えば、上昇5波動の1波動目の衝撃波は、小さな上昇5波動が含まれると考えます（図1.54）。

●図1.54　個々の波動は、さらに細かな上昇5波動や下降3波動に分けられる

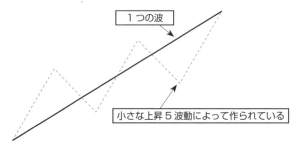

1つの波

小さな上昇5波動によって作られている

上昇5波動の第3波が長いことが多い

上昇5波動の中では、第3波が最も長いことが多いと言われています。

第1波は株価が底から上がり始めた段階であり、まだ半信半疑の中での株価上昇なので、それほど強くは上がらない傾向があるとされています。

次に、第2波の一時的な下落によって、第1波が上昇トレンドの最初であることが確認されます。その結果、第3波は大きな上昇になりやすいと考えられます。また、第3波が5波動に分かれて長い上昇になることもあり、そのような現象を「**エクステンション**」と呼びます。

そして、第5波まで来ると天井圏となり、高値に対する警戒感が強くなってきますので、第3波と比べて上昇の勢いが落ちてきます。また、それに伴って出来高も伸びにくくなってくると考えます。

エリオット波動とフィボナッチ数の関係

エリオット波動には、「株価の動く幅に、フィボナッチ数が現れやすい」という考え方も含まれます。

例えば、上昇5波動の第2波の幅は、第1波の0.382倍や、0.618倍になりやすいとされています（図1.55）。また、第3波は第1波と同じか、1.618倍になりやすいと言われています（図1.56）。上昇幅の0.382倍や0.618倍の下落は、日本で言うところの「3分の1押し」や「3分の2押し」と近い考え方です。

さらに、波が1つできるまでの日数も、フィボナッチ数列（1、1、2、3、5、8、

●図1.55　第2波の高さは第1波の0.382倍や0.618倍になりやすい

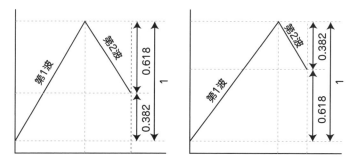

●図1.56　第3波は第1波と同じか1.618倍になりやすい

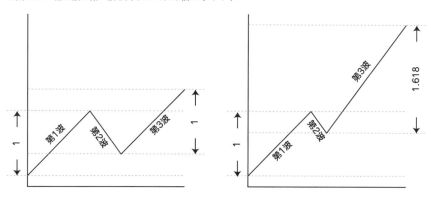

13、21、34、55、…、60ページ参照）に近い値になりやすいとされています。
このあたりの考え方は、ペンタゴンチャートとよく似ています。

エリオット波動の例

　次ページの図1.57は、**住友金属鉱山（5713）**の2016年4月〜2018年7月の
週足チャートに、エリオット波動を当てはめてみた例です。2016年7月の底か
ら2018年1月の天井までの上昇トレンドの部分が、5つの波動に分かれていま
す。一方、本書執筆時点では下落トレンドが続いていますが、仮でa波とb波
を当てはめてみました。

　第1波と第2波、第1波と第3波…のようにいくつかの波の幅の比を計算して
みると、それぞれ次ページの表1.7のようになります。完全ではないですが、フィ
ボナッチ数に近い値がいくつか見られます。

また、それぞれの波の週数をチャート上に記入してあります。これらの値とフィボナッチ数列（1、2、3、5、8、13、21、34、55、…）を見比べてみると、ぴったりではないですが、近い値が出ているところが多いです。

●図1.57　住友金属鉱山の2016年4月〜2018年7月の週足にエリオット波動を当てはめた例

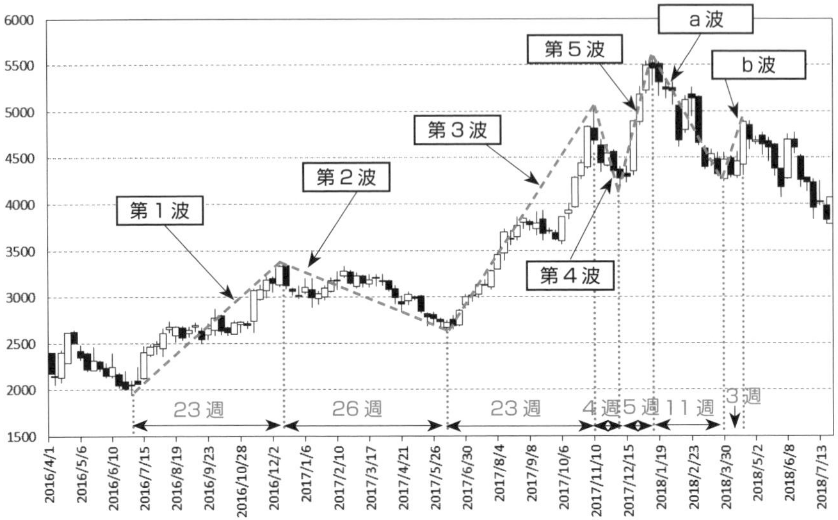

●表1.7　波の幅の比

対象	比
第2波と第1波	(3,353−2,613) ÷ (3,353−2,096) ＝0.589
第1波と第3波	(3,353−2,096) ÷ (5,022−2,613) ＝0.522
第4波と第3波	(5,022−4,171) ÷ (5,022−2,613) ＝0.353
第4波と第5波	(5,022−4,171) ÷ (5,562−4,171) ＝0.611
b波とa波	(4,902−4,239) ÷ (5,562−4,239) ＝0.501

エリオット波動とチャートのパターンの組み合わせ

　エリオット波動の考え方では、チャートのパターンと組み合わせて株価の動きを判断することもあります。パターンについては、53ページで解説していますので、そちらを参照してください。

chapter1-10 ファンチャート

フィボナッチ数で株価の動きを予測する

　フィボナッチ数を使ってトレンドラインを引く分析手法として、「ファンチャート」というものもあります。

ファンチャートの描き方

　ファンチャートは、フィボナッチ数を応用して、機械的にトレンドラインを引き、今後の株価の動きを予測する際に使います。

　まず、図1.58のように株価が点Aで底を打ち、点Bまで上昇して、下落し始めたとします。この場合、以下の手順で3本の線を引くと、ファンチャートができきます。

　①点Bから垂直に線を引きます（図の線P）。

　②点Bから、点Aから点Bの上昇幅の38.2％だけ下の位置に、水平に線を引きます（図の線Q）。

　③①と同様に、上昇幅の50％下／61.8％下の位置にも水平に線を引きます（図の線R／線S）。

　④点Aから、線Pと線Qが交わる点を通って、先まで伸びる線を引きます（図

●図1.58　株価が上昇から下落に変わる場合のファンチャートの描き方

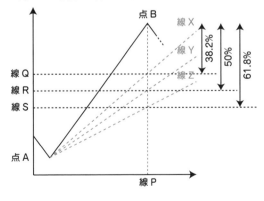

の線X)。

　⑤④と同様に、点Aから、線Pと線Rの交わる点を通る線と(図の線Y)、
線Pと線Sの交わる点を通る線(図の線Z)を引きます。

　また、株価が下落する場合も、図1.58の上下を逆にして、図1.59のように3
本の線を引いて、ファンチャートを作ります。

●図1.59　株価が下落から上昇に変わる場合のファンチャートの描き方

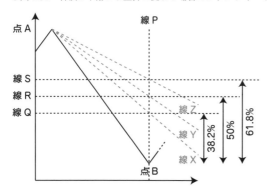

ファンチャートの見方

　ファンチャートを描いてみると、3本の線が上値抵抗線や下値支持線として
働くことがよくある、とされています。

　図1.60は、オークマ(6103)の2018年1月〜7月の日足チャートにファンチャー
トの3本の線を入れてみた例です。2018年1月18日の高値(図のA点)と、4
月10日の安値(図のB点)の値幅を使い、A点を支点にしてファンチャートを
描いています。
　一番下の線を見ると、図の①の位置で上値抵抗線のように働いているのが
見えます。また、中央の線は、図の②の位置で下値支持線のように働いてい
ます。さらに、一番上の線は、図の③と④の位置で上値抵抗線のように働い
ています。

●図1.60　ファンチャートの例（オークマの2018年1月〜7月の日足）

ファンチャートと株価の節目の関係

　前の節で、株価の節目から節目までの期間を数えると、フィボナッチ数に関連することがよくある、というようなことをお話ししました。この考え方とファンチャートを組み合わせて、株価がいつどのぐらいの水準になるかを予測する、といったことも考えられます。

　実際、ファンチャートの3本の線に株価の節目が重なったときを見ると、ファンチャートの開始点から、フィボナッチ数だけ時間が経った日（週／月）に近い値になっていることがよくあるとも言われています。

●図1.61　ファンチャートと株価の節目の関係

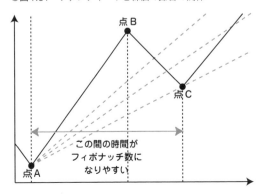

　例えば、図1.61の実線のように株価が動いたときに、点Aから点Bの値幅を元に、点Aを始点にしてファンチャートを描いたとします。このとき、点Aから点Cまでの日（週／月）数を数えると、それがフィボナッチ数に近い値になっていることがあります。

図1.62は、**オークマ（6103）**の2018年1月〜7月の日足チャートにファンチャートを入れてみた例です。図中のA点とB点の値幅を使い、A点を始点にしてファンチャートを描いています。また、A点からの経過期間（日数）を縦の点線で入れています。

　B点の安値を見ると、ファンチャートの基準の位置であり、なおかつフィボナッチ数の55日目の線に近い位置にあります。また、C点の高値は、ファンチャートの一番上の線に近い位置にあり、かつフィボナッチ数の89日目の線に近い位置にあります。

●図1.62　オークマの株価とファンチャートの関係（2018年1月〜7月の日足）

CHAPTER2

トレンド系の
テクニカル指標を
使いこなす

株で儲けるための基本として、「株価のトレンド
に沿って売買する」ということがあげられます。
そこで、株価のトレンドを判断する「トレンド
系指標」をマスターしておきましょう。

chapter2-1 トレンド系指標の概要

　株で儲けるための基本として、「株価のトレンドに沿って売買する」ということがあげられます。そこで、株価のトレンドを判断する「トレンド系指標」をマスターしておきましょう。

トレンド系指標とは

　トレンド系指標は、ある期間の株価を元に何らかの計算を行って、株価のトレンドを判断するものです。株価の上昇／下落の後を追うような形で、トレンド系指標の値も上下します。実際に売買タイミングを判断する際に、トレンド系の指標はよく使われています。

　主なものとして、移動平均線／ボリンジャーバンド／一目均衡表などがあります。特に、「**移動平均線（Moving Average）**」は、テクニカル分析の手法の中では多用されていますので、最初にマスターしておきたい指標です。

トレンド系指標の使いこなしのポイント

　計算に使う数値をうまく調整すると、トレンド系指標は株価のトレンドをよく表すものになる傾向があります。ただ、数値の選び方が良くないと、指標の動きが株価の動きから大きく遅れたり、逆に指標が株価と同じように動いたりして、売買タイミングの判断には使えなくなってしまいます。

　例えば、「移動平均線」という指標があります。一定期間の株価を平均したものですが、平均する期間が長すぎると株価からの遅れが大きくなり、逆に短すぎると株価と同じように動いてしまいます。このように、トレンド系指標を使いこなすポイントは、株価から遅れすぎず、また株価の動きに近くなりすぎないように、計算に使う数値を適切に調節することです。

　指標の種類ごとに、「広く一般に使われている計算数値」があります。数値は、これまでの多くの経験から決まっていますが、銘柄によって株価の動きは違いますので、個々の銘柄に合わせて計算に使う数値を変えてみることも必要です。

chapter2-2 移動平均線

移動平均線

移動平均線は、テクニカル指標の中で最もポピュラーなものです。売買の判断の際に多用されますので、しっかりマスターしておきたい指標です。

移動平均線の描き方

移動平均線は、日足なら毎日（週足なら毎週／月足なら毎月）の移動平均を求めて、それらを折れ線で結んだものです。また、移動平均とは、今日（今週／今月）からある期間に渡って遡り、その間の株価を平均した値のことです。

表2.1は、2023年8月1日〜16日の**トヨタ自動車（7203）**の株価（終値）の動きです。これを例に、10日間移動平均を計算してみましょう。まず、8月16日の移動平均は、その日を含めた直近10日間の株価を平均して、以下のように求められます。

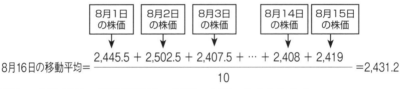

$$8月16日の移動平均 = \frac{2,445.5 + 2,502.5 + 2,407.5 + \cdots + 2,408 + 2,419}{10} = 2,431.2$$

同様に、8月17日の移動平均は、以下のように求められます。

$$8月17日の移動平均 = \frac{2,502.5 + 2,407.5 + 2,437.5 + \cdots + 2,419 + 2,370.5}{10} = 2,423.7$$

●表2.1　トヨタ自動車の2023年8月1日〜16日の株価の動き

日付	株価（円）	日付	株価（円）
8月1日	2,445.5	8月9日	2,395.5
8月2日	2,502.5	8月10日	2,429
8月3日	2,407.5	8月14日	2,408
8月4日	2,437.5	8月15日	2,419
8月7日	2,444	8月16日	2,370.5
8月8日	2,423.5		

このようにして毎日の移動平均を計算し、それらを折れ線で結ぶと移動平均線ができあがります（図2.1）。

なお、移動平均は終値から計算す

●図2.1　トヨタ自動車の2023年6月〜10月の株価と移動平均線

チャート提供：TradingView（https://jp.tradingview.com）

るのが一般的ですが、始値と終値の平均や、安値と高値の平均を使って計算する方法もあります。

移動平均線の性質

移動平均線には、以下のような性質があります。

❯株価に遅れて動く

トレンド系指標には、株価の後を追うように動く性質があります。もちろん、移動平均線にもその性質があります。株価が上がり始めてしばらくすると、移動平均線も上がり始めます。逆に、株価が下がり始めると、それからしばらくして移動平均線も下がり始めます。

移動平均線は、おおむね平均する期間の半分ぐらい株価から遅れた動きをします。例えば、10日移動平均線であれば、株価から5日ほど遅れた動きをすることになります。

❯移動平均線と株価の位置関係

株価が上がり始めると、その後に移動平均線も上がり始めます。したがって、株価が上昇トレンドにある間は、移動平均線は株価の下に位置します。逆に、株価が下落トレンドにある間は、移動平均線は株価の上に位置します。

●図2.2 株価と移動平均線の関係（日本化学工業の日足と25日移動平均線）

チャート提供：TradingView(https://jp.tradingview.com)

　図2.2は、**日本化学工業（4092）**の株価と移動平均線（25日）のチャートです。先に述べたように、株価が上昇傾向のときは移動平均線が株価の下にあり、下落傾向のときは移動平均線が株価の上にあることがわかります。

　また、移動平均線はトレンドラインのような働きもします。このことについては、後の「グランビルの法則」のところで再度説明します。

動きが滑らかでトレンドを表す

　日々の株価は上がったり下がったりしますので、株価チャートはジグザグとした動きになります。一方、移動平均線は株価の動きを平均化したものなので、滑らかな動き方をします。そのため、株価のトレンドを表す性質があります。

◆移動平均の計算期間の取り方

　移動平均の計算期間は、一般には以下のような日数に設定します。ちなみに、週足の13週／26週は、それぞれ3か月／6か月に相当します。

　・日足 → 5日／10日／25日／50日／75日／100日／200日
　・週足 → 13週／26週／52週

　ただ、移動平均の計算期間が短すぎると、株価の動きに近くなってしまい、移動平均の意味が薄くなります。一方、移動平均の計算期間を長くすると、移動平均線の動きは滑らかになりますが、株価の動きから大きくかけ離れてしま

い、これも良くありません。

　このように、移動平均線を使う場合は、移動平均の計算期間をどのように決めるかがポイントとなります。最適な期間は、銘柄によって異なることもあり得ますし、また同じ銘柄であっても時期によって異なります。

　また、1本の移動平均線だけで判断せずに、複数の移動平均線を組み合わせることもよくあります。一般には、短期と長期の2本の移動平均線を組み合わせます。例えば、日足の場合で5日と25日の移動平均線、25日と75日の移動平均線、週足の場合は13週と26週の移動平均線の組み合わせなどがよく使われています。3本組み合わせる場合もあります。

　短期と長期の移動平均線を組み合わせる場合、株価が上昇傾向にあるときは、株価が一番上に位置し、その下に短期移動平均線、さらにその下に長期移動平均線という順序になります。逆に、株価が下落傾向のときは、一番上が長期移動平均線で、その下が短期移動平均線、一番下に株価がきます。

　図2.3は、三井金属鉱業(5706)の2022年6月〜2023年2月の日足チャートに、25日／75日移動平均線を入れたものです。上で述べたように、株価が上昇傾向のときは株価が一番上にあり、下落傾向のときは一番下にあります。

●図2.3　株価／短期／長期移動平均線の関係（三井金属鉱業の日足）

チャート提供：TradingView（https://jp.tradingview.com）

ランク　★★☆

加重移動平均線／指数平滑移動平均線

単純移動平均線よりも敏感に株価に反応

　移動平均にはいろいろな種類があります。それらの中で「加重移動平均線」や「指数平滑移動平均線」が使われることもあります。

加重移動平均線とは

　前の節で移動平均線を紹介しました。この移動平均は、計算期間の株価を単純に平均して求めた「単純移動平均線（SMA）」でした。

　ただ、単純な移動平均だと、現在の株価と過去の株価が、同じ重みで計算に反映されます。しかし、株価の動きの性質として、より最近に近い株価ほど今後の株価の動きに影響を与えることが予想されます。

　そこで、移動平均を計算する上で、最近の株価ほど影響が大きくなるように計算する方法がいくつかあります。「**加重移動平均（WMA）**」はその1つです。

　当日（週／月）の株価をP（t）、前日（週／月）の株価をP（t-1）‥‥のように表すとすると、n日（週／月）間の加重移動平均は、以下のような式で求めることができます。

●表2.2　株価の動きの例

日付	株価（円）
9月1日	280
9月2日	284
9月3日	285
9月6日	290
9月7日	297
9月8日	290

n日間の加重移動平均

$$= \frac{n \times P(t) + (n-1) \times P(t-1) + (n-2) \times P(t-2) + \cdots + 1 \times P(t-n+1)}{1+2+\cdots+n}$$

　例えば、株価が表2.2のように推移したとします。この場合、9月7日の5日加重移動平均は、以下のようにして計算します。

$$\frac{5 \times 297 + 4 \times 290 + 3 \times 285 + 2 \times 284 + 1 \times 280}{1+2+3+4+5} = 289.9$$

　同様に、9月8日の5日加重移動平均は、以下のように計算します。

$$\frac{5 \times 290 + 4 \times 297 + 3 \times 290 + 2 \times 285 + 1 \times 284}{1+2+3+4+5} = 290.8$$

最近の株価ほど大きな数を掛けていますので、最近の株価が計算結果により大きく影響するようになります。

指数平滑移動平均線とは

現在の株価ほど重みをつけて計算するもう1つの方法として、「**指数平滑移動平均（EMA）**」もあります。

当日（週／月）の指数平滑移動平均をE(t)、前日（週／月）の指数平滑移動平均をE(t-1)、平均する期間をnとすると、以下のような式で計算できます。

$$E(t) = E(t-1) + \frac{2}{n+1} \times (当日の終値 - E(t-1))$$

例えば、前日の指数平滑移動平均が1,000円、当日の終値が1,070円、平均する期間が13日だとすると、当日の指数平滑移動平均は以下のように計算されます。

$$E(t) = 1,000 + \frac{2}{13+1} \times (1,070 - 1,000) = 1,010円$$

ただし、計算期間の初日（週／月）は、前日（週／月）の指数平滑移動平均はありませんので、単純移動平均をそのまま指数平滑移動平均とします。例えば、計算期間を10日間とするなら、データの先頭から10日目から計算を始めますが、その日の指数平滑移動平均には、単純移動平均をそのまま使います。

加重移動平均では、過去n日（週／月）間の株価だけを対象に計算するようになっていて、それより前の株価は計算対象にしません。

一方、指数平滑移動平均では、当日（週／月）の値を前日（週／月）から求めるという仕組みなので、過去の全ての株価が計算に影響してくることになります。ただし、過去の株価になるほど、重みは小さくなっていき、計算結果への影響はごくわずかになります。また、加重移動平均よりも、指数平滑移動平均の方が、最近の株価により重みをつけます（図2.4）。

なお、指数平滑移動平均線は、「MACD」（168ページ参照）という指標の元にもなっています。

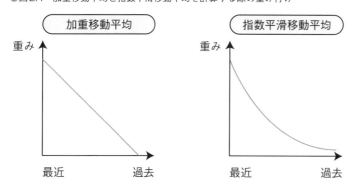

加重移動平均線／指数平滑移動平均線の特徴

　加重移動平均線／指数平滑移動平均線ともに、最近の株価に重みをつけて計算しますので、単純移動平均線と比べて、株価の動きにより追従しやすいという性質があります。

　次ページの図2.5は、**雪国まいたけ（1375）**の2021年11月〜2022年7月の日足に、単純移動平均線（SMA）／加重移動平均線（WMA）／指数平滑移動平均線（EMA）を入れた例です。パラメータは3つとも、15日にしています。
　図中の①の箇所を見ると、単純移動平均線はまだ上昇が続いているのに対し、加重移動平均線と指数平滑移動平均線は下落に転じています。
　同様に、図中の②の箇所でも、単純移動平均線がまだ上昇しているうちに、加重移動平均線や指数平滑移動平均線の上昇のペースが先行して落ち、横ばいになっていることがわかります。
　さらに、図中の③や④を見ると、トレンドの中での急激で一時的な株価の動きに対しても、加重移動平均線や指数平滑移動平均線は、単純移動平均線に比べ、より敏感に追従していることがわかります。

　この後の節で、移動平均線を利用した売買タイミングの判断方法をいくつか紹介します。その際に、「加重移動平均線や指数平滑移動平均線は、単純移動平均線より株価に追従しやすい」という性質を利用して、単純移動平均線の代わりに加重移動平均線や指数平滑移動平均線を使うことも考えられます。

●図2.5　単純移動平均線／加重移動平均線／指数平滑移動平均線の比較（雪国まいたけの日足）

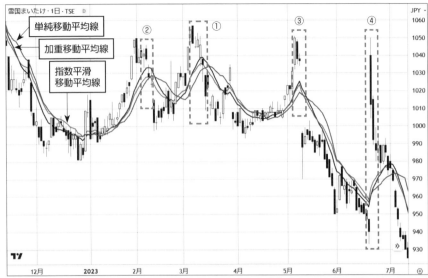

チャート提供：TradingView（https://jp.tradingview.com）

　株価に追従しやすいので、売買タイミングが早目に出るというメリットがあります。ただ、その一方でダマシが増えやすくなるというデメリットもありますので、注意が必要です。

chapter2-4

ランク　★★★

グランビルの法則

移動平均線と株価の位置から売買タイミングを見る

　移動平均線は売買タイミングの判断の際に多用されますが、よく使われている法則に「グランビルの法則」があります。ここでは、グランビルの法則を使った売買タイミングの判断について解説します。

買いの法則

　グランビルの法則は、アメリカの株式アナリストのジョセフ＝グランビル氏によって考え出された法則です。移動平均線と株価の位置関係から、売買のタイミングを判断するときに使います。買い／売りともに4つずつの法則がありますが、まず買いの4つの法則から解説します（表2.3）。

●表2.3　4種類の買い法則

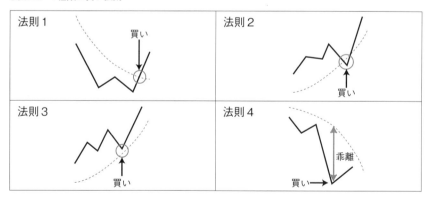

❯買い法則1

　買い法則の1番目は、「上向きに変わりつつある移動平均線を、株価が下から上に抜けたら買い」というものです。

　株価が下落傾向の間、移動平均線は株価の上にありますが、株価が上昇に変わってくると、移動平均線も徐々に向きが変わり、そしてその移動平均線を

株価が下から上に抜くことになります。この法則は、株価が底打ちして上がり始めたことを判断する際に使うことになります。底に近いところで買うために重要な法則です。

　ただ、本格的な上昇になるのかどうかは判断が難しいところです。上がったと思ったらまた下がることもあり、この法則が出た時点で買うと失敗することもあります。

▶買い法則２

　買い法則の２番目は、「上昇中の移動平均線に向かって株価が下落してきて、移動平均線をいったん下回った後、再度上回ったら買い」というものです。株価は一本調子に上昇することは少なく、途中で押し目をつけることが多いものですが、そのようなときにこの買い法則がよく出ます。つまり、押し目買いをするために使う法則になります。

▶買い法則３

　買い法則の３番目は２番目とよく似ていて、「上昇中の移動平均線に向かって株価が下落してきて、移動平均線の手前で反発したら買い」というものです。これも、押し目を判断する際に使います。

▶買い法則４

　買い法則の４番目は、「株価が移動平均線から大きく下に離れたら買い」というものです。

　株価が移動平均線から離れることを、「乖離」（かいり）と呼びます。株価が急激に下がると、株価が移動平均線から大きく下に乖離することになります。しかし、急落はいつまでも続くことはなく、どこかで反発して上がります。そのようなタイミングを狙って買うことを「突っ込み買い」と呼びますが、この法則は突っ込み買いに使うことができます。

　ただ、この形は株価が下落傾向のときに出ますので、実際に買うにはかなり勇気がいります。また、急落後には大きな反発があることも多いのですが、ほとんど反発せずにまた下がりだすこともあります。そのため、この法則で買うのはリスクが大きいと言えます。また、反発する期間は短いことが多いので、うまく株価が上がってきたら、２〜３週間程度で見切りをつけて売っておく方が

無難です。

なお、「株価が移動平均線からどの程度乖離したら買えば良いか」ということは、明確にはされていません。これは銘柄によって異なりますし、移動平均の計算期間によっても異なります。これについては、乖離率という指標を使って判断すると良いでしょう。乖離率については、第3章の147ページで解説します。

買い法則の例

それでは買い法則の例として、**住友倉庫（9303）** の2022年7月〜2023年5月の日足チャートに15日移動平均線を入れたものを見てみましょう（図2.6）。

まず、①（2023年1月下旬）と⑤（2023年4月上旬）は、1番目の買い法則が出たところです。株価がしばらく下落した後、移動平均線を下から上に抜けて、その後は上昇傾向に変わっています。

②（2022年8月）は2番目の買い法則が出たところです。2022年7月末に2,100円超えまで上昇した後、そこから下がって移動平均線を割り込み、そこで反発して再度上に抜き、その後株価は大きく上昇しています。

●図2.6　買い法則の例（住友倉庫の日足）

チャート提供：TradingView（https://jp.tradingview.com）

③は3番目の買い法則が出たところです。2月初旬に移動平均線の手前で株価が押し目をつけて、再度上昇に転じたところです。その後も株価はしばらく上昇が続いています。

④は4番目の買い法則が出たところです。この例ではいったん2,050円付近まで上昇し、その後株価はしばらく上がったり下がったりの動きになっています。

なお、⑥も3番目の買い法則が出たところです。しかし、株価はいったん上昇した後すぐに下落し、その後伸び悩んで横ばいで、ダマシになっています。このように、買い法則が出たからといって、必ずしも株価が上昇するとは限りません。

売りの法則

売り法則も買い法則と同様に4種類あり、買い法則を逆にした形になっています（表2.4）。

●表2.4　4種類の売りの法則

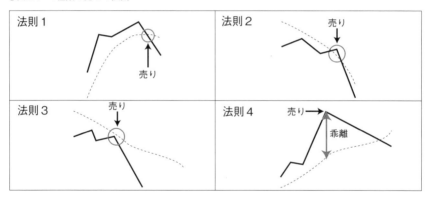

▶売り法則1

売り法則の1番目は、「下向きに変わりつつある移動平均線を、株価が上から下に抜いたら売り」というものです。

株価が天井を打って下がり始めると、移動平均線の向きも徐々に下向きに変わっていきます。また、それまでの上昇期には株価は移動平均線の上にあります。そのため、下向きになりつつある移動平均線を、株価が上から下に抜けるという動きになります。

この法則は、天井をすぎて下がり始めたときに売るために、重要なものになります。ただ、この時点ではまだ株価に勢いがあることが多く、移動平均線を下に抜いたと思ったら、再度株価が上昇してくることもあります。

▶売り法則２

　売り法則の２番目は、「下降中の移動平均線に向かって株価が上昇し、移動平均線をいったん上回った後、再度下降する」というものです。

　株価が下がる際には、一方的に下がり続けることは少なく、途中で一時的な上昇（戻り）があることが多いものです。そのため、戻りが起こると株価が一時的に移動平均線を上回って、その後再度下回るというような動きが出ることがあります。戻りがきたことを判断して売ることを「**戻り売り**」と呼びますが、そのために役立つ法則です。

▶売り法則３

　売り法則の３番目は２番目と似ていて、「下降中の移動平均線に向かって株価が上昇し、移動平均線の手前で再度下降に転ずる」というものです。

　戻りになったものの、その力があまり強くないと、移動平均線の手前で株価の戻りが止まります。その場合にこの法則が出ます。

▶売り法則４

　最後の４番目の売り法則は、「上昇中の移動平均線から、株価が大きく上に乖離したら売り」というものです。

　株価は急上昇することもありますが、その上昇がいつまでも続くことはなく、どこかで止まります。特に、大きく上昇した後には、反動で大きく下がってしまうこともよくあります。そのような急落するタイミングを判断して売ることを「噴き値（ふきね）売り」と呼びますが、その際にこの法則を使います。

　ただ、買い法則４と同様に、移動平均線からどの程度乖離したら売りになるかは、銘柄によって異なりますし、また移動平均線の計算期間の取り方によっても異なります。また、株価の上昇の勢いが強いと、移動平均線から株価が大きく乖離したまま上昇がしばらく続くこともあります。そのため、「乖離した」と思って売ると、その後の株価上昇を取り損ねることもあります。

売り法則の例

グランビルの売り法則の例として、**日本ハム（2282）**の2020年9月〜2022年11月の週足チャートと13週移動平均線の関係を見てみましょう（図2.7）。

まず、①は1番目の売り法則が出たところです。2021年3月中旬に株価が5,000円を超えた後しばらく横ばいになり、5月上旬に下落して移動平均線を上から下に抜いています。

②は株価が一時的に戻って移動平均線を超えたものの、すぐに下落に転じて、2番目の売り法則の形になったところです。その後株価は大きく下落しますが、戻りも早く、ややダマシ気味だったと言えます。

③は3番目の売り法則が出たポイントです。一時的に戻ったものの、その力が弱く、再度下落に転じています。

④は4番目の売り法則が出たところです。2021年1月下旬から株価が上昇し、3月に入って移動平均線を超えた後大きく離れています。その後、株価はしばらく下落しています。

●図2.7　売り法則の例（日本ハムの週足）

チャート提供：TradingView（https://jp.tradingview.com）

chapter2-5 ゴールデンクロスと デッドクロス

2本の移動平均線のクロスで売買タイミングを見る

移動平均線で売買タイミングを見る方法として、「ゴールデンクロス」と「デッドクロス」もよく使われています。ただ、筆者としては、これらはあまりお勧めしません。ここでは、ゴールデンクロス／デッドクロスの見方と、あまりお勧めしない理由を解説します。

ゴールデンクロス／デッドクロスとは

グランビルの法則は、株価と移動平均線の位置関係から売買タイミングを見る方法でした。これに対し、ゴールデンクロス／デッドクロスは、短期と長期の2本の移動平均線の位置関係で、売買タイミングを判断するものです。

株価が下落から上昇に変わると、株価が上がりだしてしばらくした後に短期移動平均線が上向きになり、さらにその後に長期移動平均線が上向きに変わります。そのため、短期移動平均線が長期移動平均線を下から上に抜くという動きになります。このポイントのことを、「ゴールデンクロス」（golden cross）と呼びます。

●図2.8 ゴールデンクロスとデッドクロス

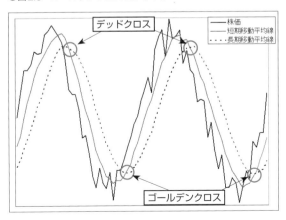

一方、株価が上昇から下落に変わると、株価を追って短期移動平均線が下向きに変わり、その後に長期移動平均線が下向きに変わります。そのため、短期移動平均線が長期移動平均線を上から下に抜くという動きになります。このポイントを「デッドクロス」（dead cross）と呼びます（図2.8）。

ゴールデンクロス／デッドクロスの例

それでは、ゴールデンクロス／デッドクロスの実例を見てみましょう。

丸紅（8002）の2022年7月～2023年1月の日足チャートと、5日／20日の移動平均線のゴールデンクロス／デッドクロスを見比べます（図2.9）。チャートに2本の線が引かれていますが、少し薄い線が5日移動平均線で、濃いグレーの線が20日移動平均線になります。

①③④はゴールデンクロスしたポイントです。①はその後8月末まで株価はおよそ20%上昇していて、成功となっています。③も約17%の上昇と、まずまずの成功となっています。

一方、②はちょっと見えにくいですが、デッドクロスしたポイントです。株価

●図2.9　ゴールデンクロス／デッドクロスの例（丸紅の日足）

チャート提供：TradingView(https://jp.tradingview.com)

はその後10日ほどで約10%下落していますので、このデッドクロスでの売りもまずまずの成功と言えるでしょう。

　しかし、⑤のデッドクロスは、一時的な株価の動きの変化で起こったもので、株価は程なく上昇し成功はしていません。このように、ゴールデンクロス／デッドクロスではダマシが発生することもあります。

GC／DCではタイミングが遅れやすい

　この節の最初で、「ゴールデンクロス／デッドクロスはあまりお勧めしない」と書きました。その理由は、「ゴールデンクロス／デッドクロスではタイミングが遅れやすい」ということです。

　ゴールデンクロスが起こるのは、株価が上昇傾向に入ってしばらくした後になります。その後も株価が長期間にわたって上昇し続けるなら、ゴールデンクロスしてから買っても間に合います。

　しかし、株価が長期間上昇し続けることは、そう多くはありません。ときには、短期間で上下動を繰り返すこともあります。そのため、ゴールデンクロスした時点では、すでに上昇が終わっているということもあります。同様に、デッドクロスした時点では、株価はすでに上昇に転じていることもあります。

　このように、ゴールデンクロスやデッドクロスを待っていると、売買タイミングを逃す可能性があります。特に、ネット取引が盛んになってからは、個人投資家が多く参加している銘柄では値動きが激しくなりやすく、ゴールデンクロスやデッドクロスでは遅くなりがちです。先ほど取り上げた例でも、ゴールデンクロス／デッドクロスともに、判断が遅れていて失敗している箇所があります。

　移動平均線を使って売買タイミングを判断するなら、ゴールデンクロス／デッドクロスは使わずに、グランビルの法則を使う方が良いでしょう。GC／DCを使う場合は、取引したい銘柄の過去のチャートを使って、短期線と長期線のパラメータを調整するのも良いでしょう。今後さらに株価の動き方が速くなれば、ゴールデンクロス／デッドクロスは一段と使いにくくなっていきます。

ボリンジャーバンド

株価の変動の大きさを確率から判断する

「ボリンジャーバンド」は、ジョン＝ボリンジャーという人が考案したトレンド系のテクニカル指標です。移動平均線の上下に帯（バンド）状に線を引くのが特徴です。

標準偏差

ボリンジャーバンドは、標準偏差という値を使って引きます。まずは、この標準偏差から説明を始めます。

標準偏差は統計学で使われる用語で、たくさんのデータがあるときに、それらが平均からどの程度ばらついているかを表すのに使います。標準偏差が大きいほど、データのばらつきも大きいことになります。標準偏差は、「σ」（シグマ）という記号で表すのが一般的です。

例えば、図2.10と図2.11とでは、図2.10の方がばらつきが大きいので、標準偏差も大きくなります。

●図2.10　ばらつき（標準偏差）が大きいデータ群

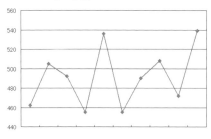

●図2.11　ばらつき（標準偏差）が小さいデータ群

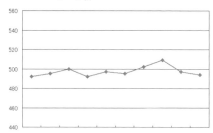

なお、標準偏差は以下のようにして計算されます※。

$$標準偏差 = \sqrt{\frac{[(各データ－平均)^2] の合計}{データの数－1}}$$

※厳密には、この式で求められる値は「標本標準偏差」と呼びます。標本標準偏差は、たくさんのデータの中から一部を抜き出して、それらから求めた標準偏差のことです。

●表2.5　データの例

日付	株価（円）	10日間移動平均
8月2日	829	
8月3日	844	
8月4日	832	
8月5日	839	
8月6日	845	
8月9日	834	
8月10日	835	
8月11日	785	
8月12日	772	
8月13日	761	817.6
8月16日	767	811.4

　例えば、ある銘柄で表2.5のようなデータがある場合、8月2日～8月13日のデータから標準偏差を求めるには、以下の式で計算できます。

8月13日の標準偏差

$$= \sqrt{\frac{(829-817.6)^2+(844-817.6)^2+\cdots+(761-817.6)^2}{10-1}} = 31.9$$

正規分布

　たくさんのデータがあるときに、その値の大きさで分類してグラフにすると、平均に近いデータが多く、平均から離れるほどデータの数が少なくなることが多いものです。そのようなデータの分布の理想的な形のことを、「**正規分布**」と呼びます。

　データが正規分布している場合、平均$-\sigma$から平均$+\sigma$の間に全体の68%のデータが入り、平均$-2\times\sigma$から平均$+2\times\sigma$の間に全体の95%のデータが入ることが知られています（図2.12）。

　例えば、多数の20歳男子の身長を測って分布を調べたとき、平均が170cm、標

●図2.12　正規分布

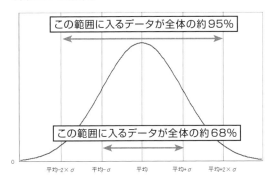

この範囲に入るデータが全体の約95%

この範囲に入るデータが全体の約68%

平均-2×σ　　平均-σ　　平均　　平均+σ　　平均+2×σ

準偏差が10cmの正規分布になったとします。この場合、身長が160cm（170cm
－10cm）から180cm（170cm＋10cm）の人が全体の68%、150cm（170cm
－2×10cm）から190cm（170cm＋2×10cm）の人が全体の95%を占めるこ
とになります。

ボリンジャーバンドの描き方

　株価は上がったり下がったりしますが、移動平均線から極端に離れることは
あまりなく、移動平均線の近辺を動くことが多いものです。そこで、「株価と移
動平均線との差は、正規分布のようになるのではないか」と考えるのが、ボリ
ンジャーバンドの基本です。

　ボリンジャーバンドを描くには、まず移動平均を求め、その平均期間の株価
の標準偏差を求めます。そして、移動平均±σや、移動平均±2σのところな
どに点を打ちます（図2.13）。この作業を毎日（毎週／毎月）行って、点を折れ
線で結んでいくと、ボリンジャーバンドができあがります。日足か週足を元に描
くことが多いのですが、どちらかと言えば週足の方が適しているようです。

　例えば、前ページの表2.5のように株価が動いたときに、10日間の移動平均
線を使って、ボリンジャーバンドを引くとしましょう。まず、8月13日の標準偏
差を以下のように求めます。

8月13日の標準偏差

$$= \sqrt{\frac{(829-817.6)^2 + (844-817.6)^2 + \cdots + (761-817.6)^2}{10-1}} = 31.9$$

　そして、8月13日の移動平均（＝817.6）から、上下にσ（＝31.9）だけ離れ
た位置と、上下に2σ（＝2×
31.9＝63.8）だけ離れた位置
に点を打ちます。

　このような作業を毎日行っ
て、それぞれの点を折れ線で
結ぶと、図2.14のようなボリ
ンジャーバンドができあがり
ます。

●図2.13　ボリンジャーバンドの作図例

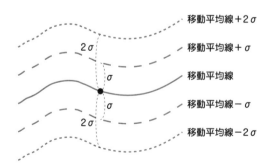

- 移動平均線＋2σ
- 移動平均線＋σ
- 移動平均線
- 移動平均線－σ
- 移動平均線－2σ

●図2.14　ボリンジャーバンドの例（SMAと±1σ・±2σ）

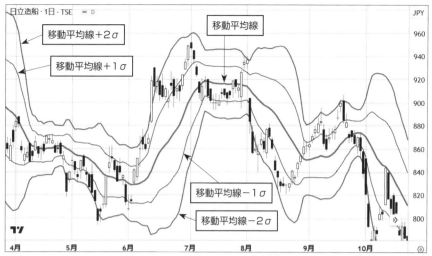

チャート提供：TradingView（https://jp.tradingview.com）

ボリンジャーバンドの見方

　多数のデータが正規分布する場合、それらのデータのうちの約95％が、移動平均−2σから移動平均＋2σの範囲に収まります。逆に言えば、移動平均−2σより小さいデータや、移動平均＋2σより大きいデータは、わずか約5％しかないことを意味します。

　ボリンジャーバンドでも、この考え方を利用します。つまり、株価が移動平均線−2σを超えて安くなることや、移動平均線＋2σを超えて高くなることは、5％程度しか起こらないというように考えるのです。

　実際に株価チャートを見ても、そのような傾向があります。例えば、次ページの図2.15は**日本製鉄（5401）**の2022年7月〜2023年2月の日足チャートに20日移動平均線とボリンジャーバンドを入れたものです。これを見ると、株価はほぼ移動平均線±2σの範囲に収まっていることがわかります。

　このように、移動平均線±2σのボリンジャーバンドは、下値支持線／上値抵抗線のような働きをすることになります。

●図2.15　日本製鉄の2022年7月〜2023年2月の日足とボリンジャーバンド

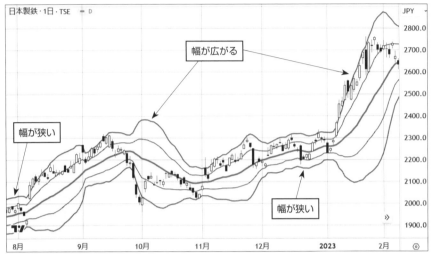

チャート提供：TradingView(https://jp.tradingview.com)

▶ボリンジャーバンドの幅

　ボリンジャーバンドの幅も見るようにします。株価の動きが激しいほど、移動平均線からのばらつきが大きくなり、標準偏差も大きくなりますので、ボリンジャーバンドの幅が広くなります。逆に、株価の動きが穏やかになると、ボリンジャーバンドの幅は狭くなります。

　株価の動きが静かになってボリンジャーバンドの幅が狭くなると、その後に株価が大きく動き出すこともよくあります。したがって、ボリンジャーバンドの幅が狭くなったら要注目と言えます。

　例えば、上の**日本製鉄**のチャートを見ると、2022年8月上旬までは株価が小動きで、ボリンジャーバンドの幅が狭くなっています。その後、株価が上昇する中でボリンジャーバンドの幅も広がり、9月下旬からの下落ではさらに広がっています。また、2023年の年明け相場から株価上昇に伴い、幅が広がっています。

ボリンジャーバンドを使った売買タイミングの判断

　ボリンジャーバンドを使って売買タイミングを判断する方法は、以下のようになります。

▶基本的な判断方法

「株価が移動平均線±2σを超えることは少ない」ということから、基本的には以下のようにして売買タイミングを判断します。

- ・株価が移動平均線−2σを超えて下落したら買い（図2.16）
- ・株価が移動平均線＋2σを超えて上昇したら売り（図2.17）

ただ、株価が上昇傾向にある間は、移動平均線＋2σの線に沿って株価が上昇することもよくあります。逆に、株価が下落傾向のときは、移動平均線−2σの線に沿って株価が下落することも少なくありません。

また、株価が移動平均線−2σを下回るのは、下落トレンドのときになります。そのため、このタイミングで新規の買いポジションを取ると、逆張りの形になり、リスクが大きいと言えます。

同様に、株価が移動平均線＋2σを上回るのは、通常は上昇トレンドのときです。そのタイミングで新規の売りポジションを取るのも、逆張りになり、リスクが大きくなります。

●図2.16　株価が移動平均線−2σを超えて
　　　　　下落したら買い

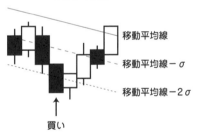

●図2.17　株価が移動平均線＋2σを超えて
　　　　　上昇したら売り

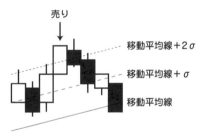

▶売買タイミングの判断例

例として、次ページの図2.18を見てみましょう。これは、**日本特殊陶業（5334）**の2019年11月〜2022年8月の週足チャートに、13週移動平均線とボリンジャーバンドを入れたものです。

①は株価が移動平均線−2σを一時的に割り込んだ後で反発して、買いポイントです。その後2週間ほどで株価は約20％近く反発して、成功しています。

しかし、②の部分では、株価は移動平均線−2σの線に沿う形で下落しています。−2σに近づいたことで買いと判断していたら、損失になった形です。

一方、③は株価が移動平均線＋2σを一時的に上回ったところで、売りのポ

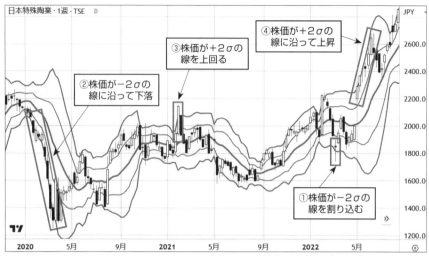

●図2.18　ボリンジャーバンドでの売買タイミングの判断例（日本特殊陶業の週足）

チャート提供：TradingView（https://jp.tradingview.com）

イントです。実際、株価はその後3週間ほどで約16％下落しています。しかし、
④の部分のように、移動平均線＋2σの線に沿って株価が上昇することもあり
ます。

　前述したように、「株価が移動平均線−2σの線を下回った」や「株価が移
動平均線＋2σの線を上回った」ということだけで、新規に買いのポジション
や売りのポジションを取るのは、リスクが大きいことがわかります。

　移動平均線とσラインの向きやそのときの株価の勢いにも、気を配る必要
があります。

▶利益確定にボリンジャーバンドを使う

　「株価が移動平均線−2σを超えて下落したら買い」と述べましたが、これ
で新規の買いポジションを取ると、リスクが高くなります。ただ、空売りしてい
た株を買い戻して、利益確定するタイミングとして使うなら良さそうです。

　同様に、「株価が移動平均線＋2σを超えて上昇したら売り」という判断方
法も、新規の売りポジションを取るときに使うのではなく、持っていた株を売っ
て利益確定するタイミングとして使うなら良さそうです。

一目均衡表

相場の（転換）を一目瞭然に表す

　長い間、「一目均衡表」を使った分析は比較的人気があります。ここでは、一目均衡表の基本的な部分について解説します。

一目均衡表とは

　一目均衡表は、故一目山人氏によって作られた分析手法です。「転換線」「基準線」などの指標や、時間論／波動論／値幅観測論などのさまざまな手法を組み合わせて、相場の姿を観察するといった理論体系になっています。

　転換線などの指標は、手で計算するのは面倒ですが、コンピュータを使えば簡単に計算することができます。そのため、PCやインターネットの普及に伴って、一目均衡表が使われる機会が非常に多くなりました。

　一目均衡表は奥がとても深く、原著は7冊もの大作です。そのすべてを解説することは紙数上到底できませんので、ここではその基本的な部分のみ解説します。詳しく勉強したい方は、原著や公式の解説書をお読みください。

　現在では、株式会社経済変動総研から7冊のうち『一目均衡表』など4冊が刊行されております。詳しくは以下の公式ホームページをご参照ください。

http:/www.ichimokukinkouhyou.jp/

一目均衡表の描き方

　一目均衡表では、「転換線」「基準線」「先行スパン1」「先行スパン2」「遅行スパン」の5種類の値を毎日計算して、チャートに書き込みます。これらの値の計算方法は、以下のようになっています。なお、それぞれの値は毎日計算しますので、日足を使います。

①転換線
　当日を含む過去9日間の最高値と最安値の平均値

②**基準線**

　当日を含む過去26日間の最高値と最安値の平均値

③**先行スパン1**

　基準線と転換線の平均値を、当日を含めて26日先行させたもの

④**先行スパン2**

　当日を含む過去52日間の最高値と最安値の平均値を、当日を含めて26日先行させたもの

⑤**遅行スパン**

　当日の終値を当日を含めて26日前に遅行させたもの

　先行スパン1と先行スパン2の間は、通常は網掛けをして表示します。また、先行スパン1／2は当日を含めて26日先まで先行させますので、26日先まで作図することになります。一方、遅行スパンは当日を含めて26日遅行させるので、当日の26日前まで作図することになります。

　図2.19は、**横浜ゴム（5101）**の2017年12月〜2018年7月の日足チャートに、一目均衡表の5つの値を追加したものです。

●図2.19　一目均衡表の例（横浜ゴムの日足）

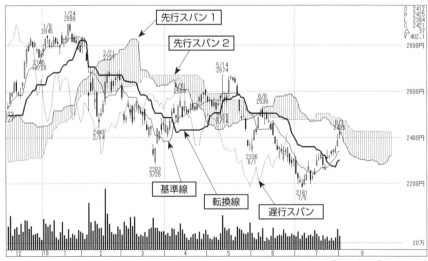

チャート提供：ゴールデン・チャート社

基準線と転換線の見方

基準線と転換線は、株価の動く方向を判断する際に使います。

株価が上昇トレンドにあるときは、上から順に株価→転換線→基準線と並びます。逆に、株価が下落トレンドにあるときは、上から順に基準線→転換線→株価と並びます（図2.20）。

また、株価の動く方向が変わるときには、基準線と転換線の位置が入れ替わります。株価が上昇トレンドに変わると、転換線が基準線を下から上に抜くことが起こります。これを「**好転**」と呼びます。逆に、株価が下落トレンドに変わると、転換線が基準線を上から下に抜き、これを「**逆転**」と呼びます（図2.20）。

好転は株価上昇のサインで、逆転は株価下落のサインとされています。ただ、保ち合いになって株価が細かく上下すると、好転と逆転が頻繁に起こります。

●図2.20　株価／基準線／転換線の位置関係

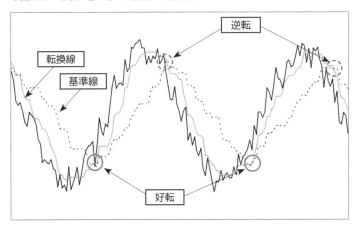

●基準線と転換線の例

図2.21は、**バリューHR（6078）**の2017年8月〜2018年7月の日足チャートに基準線と転換線を追加したものです。2017年8月に好転してから、12月頃までは株価が順調でした。一方、12月末頃に逆転してからは、2018年3月にかけて株価は下落傾向でした。

ただ、2018年5月以降のように、株価が狭い範囲で上下すると、短期間に好転と反転を繰り返したり、2本の線が重なったりします。

●図2.21 基準線と転換線の例（バリューHRの日足）

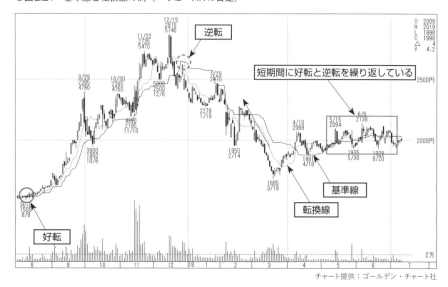

チャート提供：ゴールデン・チャート社

先行スパン1と先行スパン2の見方

　先行スパン1と先行スパン2の間の部分のことを、「帯」や「雲」と呼びます。この帯の部分は、押し目や戻りを判断する際によく使われます。

　株価が上昇トレンドにあるときは、株価は帯の上に位置しています。ただ、上昇中に一時的に株価が下がると、帯のあたりで押し目をつけて株価が反発し、帯が下値支持線のような働きをすることが多くなります（図2.22）。株価がこのような動きをすれば、買いのタイミングだと考えられます。

　逆に、株価が下落トレンドのときは、株価は帯の下に位置しています。そして、下落途中で一時的に株価が戻るときには、帯のあたりで戻りが止まって株価が再度下落し、帯が上値抵抗線のような働きをすることがよくあります（図2.23）。これは売りのタイミングと考えられます。

　そして、株価の動く向きが変わるときには、株価が帯を突き抜ける動きをします。株価が上昇トレンドになると、株価が帯を下から上に抜きます。逆に、株価が下落トレンドになると、株価が帯を上から下に抜きます。

　ただ、帯を超えてすぐに株価が反対方向に動くこともありますので、「株価が帯を上回ったから買い」というような単純な判断はできません。

●図2.22　上昇トレンドのときには
　　　　 帯が下値支持線になる

上昇トレンドのときには
帯のあたりで反発しやすい
（帯が下値支持線になる）

帯

●図2.23　下落トレンドのときには
　　　　 帯が上値抵抗線になる

帯

下落トレンドのときには
帯のあたりで反落しやすい
（帯が上値抵抗線になる）

●先行スパン1と先行スパン2の例

　図2.24は、めぶきフィナンシャルグループ（7167）の2016年11月～2018年7月の日足に、先行スパン1と先行スパン2を書き入れたものです。

　①と②は、上昇トレンドの途中で押し目をつけたところです。これらを見ると、帯の近くで株価の下落が止まって、反発していることがわかります。一方、③～⑥は、下落トレンドの途中で一時的に戻ったところです。これらも、帯の近

●図2.24　先行スパン1と先行スパン2の例（めぶきフィナンシャルグループの日足）

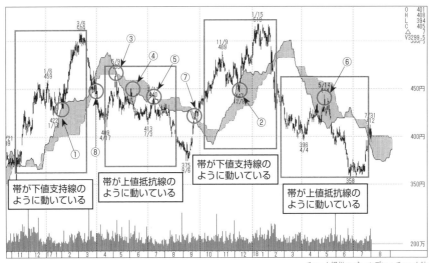

帯が下値支持線の
ように動いている

帯が上値抵抗線の
ように動いている

帯が下値支持線の
ように動いている

帯が上値抵抗線の
ように動いている

チャート提供：ゴールデン・チャート社

くまで株価が上がると再度下落に転じていることがわかります。

　また、⑦は株価が帯を下から上に抜いたところです。この後、株価の動きが上昇トレンドに変わっています。また、⑧は株価が帯を上から下に抜いたところで、その後は下落トレンドになっています。ただ、株価が帯を抜いたからといって、その後の上昇／下落が長く続かなくてトレンドにならず、ダマシになることもあります。この点には注意が必要です。

遅行スパンの見方

　遅行スパンは、今日の株価（終値）を、当日を含んで26日前に遅行させたものです。そのため、株価上昇時には遅行スパンは株価の上に位置し、下落時には遅行スパンは株価の下に位置します。

　株価が下落から上昇に変わると、株価を追うように遅行スパンも上昇に変わります。そのため、遅行スパンが株価を下から上に抜くことになります。これを、**「好転」**と呼びます。一方、株価が上昇から下落に変わると、しばらく経った後に遅行スパンが株価を上から下に抜きます。これを**「逆転」**と呼びます。

　ただ、株価が保ち合いの状態になると、株価と遅行スパンは頻繁にクロスして、好転／逆転が短期間に何度も起こります。遅行スパンだけで売買タイミングを判断するのではなく、基準線／転換線および先行スパンも組み合わせて判断するようにします。

●遅行スパンの例

　図2.25は、2017年5月〜2018年7月の**富士石油（5017）**の日足チャートに遅行スパンを追加したものです。

　2017年7月の「①好転」は、遅行スパンが株価を上に抜いて好転したポイントです。遅行スパンは株価を26日遅行させたものですので、この遅行スパンに対応する株価は、2017年7月の「①」の部分になります。実際、この後は株価が上昇傾向になっています。一方、2017年12月の「②逆転」は、遅行スパンが株価を下に抜いたポイントです。これに対応する株価は、2018年1月の「②」になります。確かに、この時期から後は株価が下落しています。

　ただ、図中の「③」（2018年3月〜6月頃）のように、好転と逆転が頻繁に起こることもあります。この時期に対応する株価は2018年4月〜7月頃ですが、その近辺では保ち合いの動きになっています。このように、保ち合いになると、

●図2.25　遅行スパンの例（富士石油の日足）

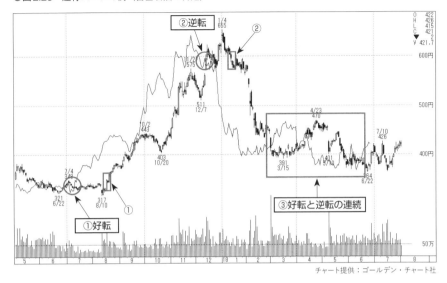

チャート提供：ゴールデン・チャート社

遅行スパンでの判断は難しいと言えます。

時間論

　一目均衡表の特徴として、株価の動きだけでなく、時間を重視していることがあげられます。一目均衡表というと基準線などのチャートと思われがちですが、時間論を抜きにして語ることはできません。

　株価が上昇から下落（あるいは下落から上昇）に変わるまでの日数や、天井から次の天井までの間の日数、また底から次の底までの間の日数など、節目から節目までの日数を見てみると、「**基本数値**」と呼ばれる日数に合致することが多いとされています。これが時間論の基本的な考え方です。

　基本数値の中で特に重要な数値は9、17、26の3つで、これらを「単純基本数値」と呼びます。9、17、26は、それぞれ「一節」「二節」「一期」とも呼びます。また、基本数値同士を組み合わせてできた数値として33、42、65、76などがあり、これらを「複合基本数値」と呼びます。

　例えば、JXホールディングス（現：ENEOSホールディングス（5020））の2015年3月〜10月の日足チャート（次ページの図2.26）で短期的な節目の間の日数を調べると、完全ではないですが、ある程度基本数値に近い日数になっ

●図2.26　節目の間の日数がある程度基本数値に合っている（JXホールディングス（現：ENEOS HD）の日足）

チャート提供：ゴールデン・チャート社

ています。このように、時間論を使うと、次の節目がいつ頃来るのかをある程度予測することができそうです。

波動論

　波動論は、株価の動き方（波動）を分析しようという考え方です。一目均衡表の波動論はシンプルで、株価の動きは図2.27の5種類のいずれかにあてはまるという考え方をします。

　Ｉ波動／Ｖ波動／Ｎ波動の3つが基本的な波動です。また、Ｐ波動とＹ波動は中期的に起こることがあるもので、いずれは波動の上側／下側どちらかの線から株価が離れ、その後はその離れた方向に株価が動くとされています。

　これらの考え方は、第1章で解説したトレンドやパターンと似ていますので、それらと組み合わせると良いでしょう。

●図2.27　5つの波動

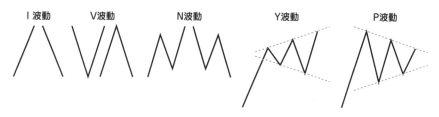

Ｉ波動　Ｖ波動　Ｎ波動　Ｙ波動　Ｐ波動

値幅観測論

　値幅観測論は、それまでの株価の動きから、株価がどのぐらいまで上がる（下がる）かということを予測するものです。株を買った後で、どのぐらいの株価になるまで待って売るかという目標株価を考えるときに使えます。

　予測の方法として、Ｖ計算式／Ｎ計算式／Ｅ計算式／ＮＴ計算式の４種類があります（図2.28）。ただし、ＮＴ計算式のように株価が動くことは、ほとんどないとされています。また、これらの計算値同士の中間に近い値まで、株価が動くこともあります。

　これらは時間論と組み合わせて見ることも重要です。予測された株価に至るまでの日数は、基本数値のどれかにあてはまることがよくあります。つまり、時間論と値幅観測論を組み合わせれば、「いつ頃に、いくらぐらいまで株価が動くか」ということを予測するのに役立ちます。詳しくは一目均衡表の原著や解説書をお読みください。

●図2.28　4つの計算式

V計算式：D＝B＋(B-C)　　N計算式：D＝C＋(B-A)　　E計算式：D＝B＋(B-A)　　NT計算式：D＝C＋(C-A)

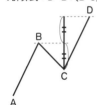 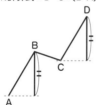 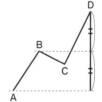 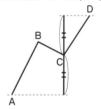

▶値幅観測論の例

　例として、DMG森精機(6141)の2014年12月～2015年5月の日足チャートで、実際の観測を行ってみます（次ページの図2.29）。

　まず、2015年1月から2月にかけて、A点の1,325円で底打ちした後、B点の1,776円で目先の天井を打って、C点の1,515円まで値下がりしています。ここから、V／N／E／NTの各計算式で次の高値を予測してみると、それぞれ以下のようになります。

　　　　V計算式：B＋(B－C)＝1,776＋(1,776－1,515)＝2,037円
　　　　N計算式：C＋(B－A)＝1,515＋(1,776－1,325)＝1,966円

E計算式：B＋（B－A）＝1,776＋（1,776－1,325）＝2,227円

NT計算式：C＋（C－A）＝1,515＋（1,515－1,325）＝1,705円

　その後の目先の高値（D点）を見ると1,949円まで上がっていて、N計算式の1,966円にほぼ近くなっています。

　次に、2015年2月から4月にかけての上昇を見てみましょう。A'点の1,515円から上がり始め、B'点の1,949円で天井を打ち、C'点の1,749円で押し目をつけて再度上昇しています。これらから次の高値を予測すると、以下のようになります。

V計算式：B'＋（B'－C'）＝1,949＋（1,949－1,749）＝2,149円

N計算式：C'＋（B'－A'）＝1,749＋（1,949－1,515）＝2,163円

E計算式：B'＋（B'－A'）＝1,949＋（1,949－1,515）＝2,383円

NT計算式：C'＋（C'－A'）＝1,749＋（1,749－1,515）＝1,983円

　その後の目先の高値（D'点）を見ると2,115円で、今度はV計算式の2,149円にほぼ近くなっています。

　また、値幅だけでなく、節目から節目までの日数にも注目してください。完全ではありませんが、基本数値にある程度近い日数になっています。

●図2.29　値幅観測論の例（DMG森精機の日足）

チャート提供：ゴールデン・チャート社

ランク ★★★

平均足

陽線・陰線が連続するので売買タイミングが取りやすい

ローソク足を改良して、トレンドとその転換がよりわかりやすくなるようにしたチャートに、「平均足」があります。

平均足の特徴と描き方

チャートの基本にローソク足がありますが、ローソク足はわずかな株価の上下でも頻繁に陽線と陰線が入れ変わるため、ダマシも多くなりトレンドをややつかみにくいと言えます。この点を改良したチャートが平均足です。日本生まれの指標で、海外でも「Heikinashi」の名前のままで使われています。

平均足のチャートは、陽線（または陰線）が連続しやすいという特徴があり、トレンドの転換を判断しやすいと言えます。上昇トレンドでは陽線が続きやすく、下落トレンドでは陰線が続きやすくなります。

平均足では、個々のローソク足の四本値として、実際の株価をそのまま使わずに、手を加えた値を使います。通常のローソク足の始値／高値／安値／終値をそれぞれCO／CH／CL／CCで表し、平均足の始値／高値／安値／終値をそれぞれHO／HH／HL／HCで表すとすると、以下のように計算します。

HO＝（1本前のHO＋1本前のHC）÷ 2（1本前のHO／HCの平均）

HC＝（CO＋CH＋CL＋CC）÷ 4（ローソク足の四本値の平均）

HH＝HO／HC／CHの最大値

HL＝HO／HC／CLの最小値

ただし、チャートの先頭では、1本前のデータがないのでHOは計算できず、2本目から計算します。また、2本目のHOでは、1本前のHOが決まっていないので、上の計算式の代わりに、1本前のローソク足のCO／CH／CL／CCの合計を4で割った値にします。

個々のローソク足に対応する平均足の四本値を求めたら、それらの値を元にして、ローソク足と同じ方法でチャートを描きます。

　図2.30は**ENEOSホールディングス（5020）**の2023年6月〜10月の、ローソク足（上半分）と平均足（下半分）の日足チャートです。

　実際にローソク足と平均足を比べてみると、ローソク足では上昇トレンド途上でも陰線が、下落トレンドでも陽線がけっこう出ていますが、平均足の方はそれらが平準化されて、陽線や陰線が連続していることがわかります。

●図2.30　平均足を使った売買タイミングの判断例（ENEOS HDの日足）

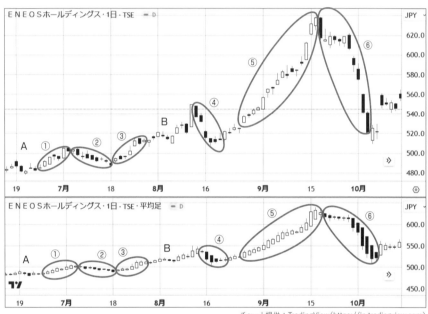

平均足を使った売買タイミングの判断

　平均足の陽線（または陰線）が連続して続きやすい傾向を利用して、以下のように売買することが考えられます。

①陰線から陽線に変わったら買う。また、空売りしていた場合は買い戻して手じまいする。

②陽線から陰線に変わったら空売りする。また、買っていた場合は売って手じまいする。

ただ、平均足は陽線／陰線が続きやすいものの、株価が短期間で上下するときには陽線と陰線が頻繁に入れ替わるため、この方法で単純に売買するとダマシもまだそこそこは出ます。

　図2.30のENEOSホールディングスのチャートに、平均足で陽線／陰線が切り替わるたびに売買するものとして、ローソク足が連続するタイミングを入れてあります。図中の①や⑤の開始から終了の際の「買い→売り」や、④や⑥の開始から終了の際の「空売り→買戻し」では、比較的利益を得ることができています。一方、AやBの箇所ではローソク足と同じように平均足の陽線／陰線も頻繁に入れ替わっていて、ダマシが連続しています。

平均足と他の指標を組み合わせる

　前述の例のように、平均足を単体で使うと、株価が細かく上下する時期にはダマシが発生しやすくなります。そこで、平均足だけでなく、ローソク足チャートも見ることはもちろんですが、他のテクニカル指標も合わせて判断して、ダマ

●図2.31　平均足とMACDを組み合わせて判断する例（ENEOS HDの日足）

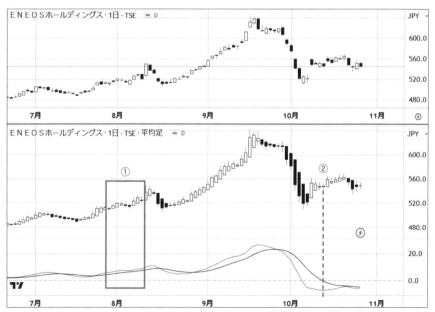

チャート提供：TradingView（https://jp.tradingview.com）

シを抑えることが考えられます。

　図2.31は、先ほどのENEOSホールディングスの例で、平均足に加えて「MACD」（168ページ参照）も使って判断する例です。①の箇所では、平均足は上昇する陽線の途中で陰線が計3本出ていて、それに従って売買するとダマシになります。一方、MACDではこの箇所では売買のサインはまだ出ていません。MACDも合わせて判断していれば、ダマシを防ぐことができたことになります。

　同様に②の箇所でも、陰線が1本出ていて平均足だけだとダマシになっていますが、MACDを加味すればダマシを抑えることができています。

平均足のヒゲも判断に使える

　平均足のヒゲは上昇／下降の強さを表し、陽線の長い上ヒゲは強い上昇力、陰線の長い下ヒゲは強い下落力を表します。

　したがって、陽線には下ヒゲが出にくく、また陰線には上ヒゲが出にくいという特徴もあります。前のページのチャートを見ると、そのような傾向がみられます。そして、陽線の上ヒゲが短くなり下ヒゲが出ると、それから間もなくして陰線に変わりやすく、同様に陰線の下ヒゲが短くなり上ヒゲが出ると、その後に陽線に変わりやすいと言えます。

　つまり、下ヒゲのある陽線や上ヒゲのある陰線は、トレンドの転換を示唆するものだと考えられます。買いポジションを持っているときに、下ヒゲのある陽線が出たときには、利益確定売りを検討しても良いでしょう。逆に、売りポジションを持っているときに、上ヒゲのある陰線が出たときにも、買い戻して利益確定することを検討しても良いでしょう。

　ただし、ここまでで見てきたように、短期的に株価が大きく上下することで、上記のような状態になることもあります。判断材料の1つとして、ヒゲにも注意すると良いでしょう。

chapter2-9 パラボリック・タイム／プライス

大相場に威力を発揮する

　パラボリック・タイム／プライスは、テクニカル分析の大家であるJ.W.ワイルダー氏が考案したトレンド系指標です。計算手順はやや複雑ですが、売買の判断はシンプルです。

パラボリック・タイム／プライスの計算方法

　パラボリック・タイム／プライスの「パラボリック」は、放物線のことです。株価の上や下に放物線を引いて、それと株価がクロスするたびに売買を切り替えていきます。

❯初期値の決定

　まず、以下の手順で「SAR」「EP」「AF」の初期値を決めます。

①最近の株価の動きから、現在のトレンドが上昇か下落かを判断します。

②上昇トレンドなら直近の最安値、下落トレンドなら直近の最高値を探し、それを「SAR」（stop and reverse point）の初期値とします。

③「EP」（extreme point）の初期値を決めます。上の手順で、上昇トレンドと

●図2.32　5日間の株価の動きとSAR／EPの初期値

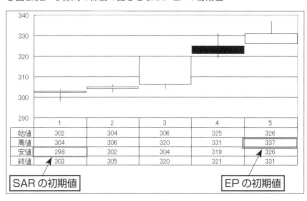

	1	2	3	4	5
始値	302	304	306	325	326
高値	304	306	320	331	337
安値	298	302	304	319	326
終値	303	305	320	321	331

SARの初期値　　　　　　　　　　EPの初期値

判断した場合は、直近の最高値がEPです。一方、下落トレンドと判断したなら、直近の最安値がEPです。

④「AF」（acceleration factor）の初期値を決めます。通常は0.02にします。

例えば、5日間で前ページの図2.32のように株価が動き、上昇トレンドだと判断したとしましょう。この場合、SARの初期値は5日間の最安値の298円、EPの初期値は5日間の最高値の337円となります。

▶日々のSARの計算

次に、日々の株価の動きから、以下の手順で日々のSARを計算していきます。

①上昇トレンドと判断している場合、今日（週／月）の高値がこれまでのEPより高ければ、それを新たなEPにし、AFに0.02を加算します。また、下落トレンドと判断している場合、今日（週／月）の安値がこれまでのEPより安ければ、それを新たなEPにし、AFに0.02を加算します。

②以下の式でSARを計算します。

今日(週／月)のSAR＝(EP－前日(週／月)のSAR)×AF＋前日(週／月)のSAR

▶トレンドの転換

この手順で計算を続けていくと、株価の向きが変わってしばらくすると、株価とSARがクロスします。そのときにはトレンドが転換したものとして、SAR／EP／AFの初期値の設定に戻って、計算を続けていきます。

このようにしてSARの計算を行ったら、日々のSARを株価チャートに点または折れ線で描いていきます。

▶パラボリック・タイム／プライスの見方

パラボリック・タイム／プライスでは、SARと株価がクロスするたびに売買を切り替えていく、という判断をします。例えば図2.33は、2022年10月～2023年6月の**オリエンタルランド（4661）**の日足にSARを追加し、それを元にして売買タイミングを判断したものです。ただ、この例を見てもわかるように、売買回数が多く、トレンドに沿っていなかったり、ダマシも少なくありません。

AFの初期値と増やし方を小さくすれば、株価とSARがクロスする回数が減り、売買回数も減ります。ただし、売買タイミングは遅れます。

例えば、図2.33と同じ期間を対象に、AFの初期値と増やし方をいずれも

●図2.33　株価とSARの関係（オリエンタルランドの日足）

チャート提供：TradingView（https://jp.tradingview.com）

●図2.34　AFの初期値と増やし方を小さくした例

チャート提供：TradingView（https://jp.tradingview.com）

0.01に変えると、図2.34のようになります。売買回数が4回に減り、4回のうち3回は成功しています。しかし、売買タイミングはやや遅れています。

パラボリック・タイム／プライスの弱点

　株価が長期間にわたって一方向に動くなら、パラボリック・タイム／プライスは威力を発揮します。そのような状況では、SARが株価とクロスすることは非常に少なくなり、トレンドに沿って大きく利益を上げることができます。

　しかし、保ち合い相場になって株価が短期間に上下する状態になると、パラボリック・タイム／プライスではダマシが多くなってしまいます。AFの初期値と増やし方を調節すればある程度はダマシが減りますが、売買タイミングが遅れてしまいますので、これもうまくいかないことが考えられます。

　個人投資家が多く参戦する銘柄では、株価の動きが速く、また上げ下げも激しくなっている傾向があります。このような銘柄には、パラボリック・タイム／プライスはあまり向いていないと思われます。パラボリック・タイム／プライスを使うなら、株価が上昇か下落の明確なトレンドになっているときに限定する方が良いでしょう。

COLUMN

J.W.ワイルダー氏とテクニカル分析

　テクニカル分析の手法は、多くの人によって開発されています。その中でも、J.W.ワイルダー氏は自身がトレーダーとして活躍し、また多くのテクニカル分析手法を開発したという点で、非常に偉大な存在です。

　J.W.ワイルダー氏は、ここまでで紹介したパラボリック・タイム／プライスのほかに、RSI(本書151ページ参照)、DMI(本書171ページ参照)、ピボットなどを開発しています。これらの手法は多くの投資家に使われています。

　ちなみに、J.W.ワイルダー氏の書いた本として「New Concepts In Technical Trading Systems」があります。日本語に訳された「ワイルダーのテクニカル分析入門」（パンローリング）も販売されていますので、興味のある方は読まれてみると良いでしょう。

chapter2-10 ピボット

ランク ★☆☆

デイトレード向けに今日の売買ポイントを判断する

　ピボットは、パラボリック・タイム／プライスなどを考案したJ.W.ワイルダー氏によって開発されたテクニカル指標です。トレンド系に分類されますが、その中では珍しく短期売買（特にデイトレーダー）向けです。

ピボットの計算方法

　ピボットは、前日の株価から今日の買い／売りのポイントを判断するのに使います。指標の動きをグラフ化すると、他のトレンド系指標と同じような感じになります。しかし、他のトレンド系指標とは違い、ピボットはデイトレードによく使われます。別名で「リアクション・トレンド・システム」とも呼ばれます。

　ピボットは、全部で7種類の指標からできています。各指標は前日の安値／高値／終値から計算し、それぞれの計算式は表2.6のようになります。式だけを見てもイメージがわきませんが、図で表すと次ページの図2.35のようになっています。ピボット（P）を軸にして円を描いて、各指標を求めるようになっています。デイトレード用ですので、日足から計算します。

　次ページの図2.36は、2018年6月〜7月の日経平均株価の日足チャートに、ピボットの各指標を追加したものです。

●表2.6　ピボットの各指標の計算方法

指標	計算方法
P（ピボット）	（前日の高値＋前日の安値＋前日の終値）÷3
B1	P−(前日の高値−P)
B2	P−(前日の高値−前日の安値)
S1	P+(P−前日の安値)
S2	P+(前日の高値−前日の安値)
HBOP	S1+(前日の高値−前日の安値)
LBOP	B1−(前日の高値−前日の安値)

※ HBOP = High Breakout Point、LBOP = Low Breakout Point

●図2.35　ピボットの各指標の意味

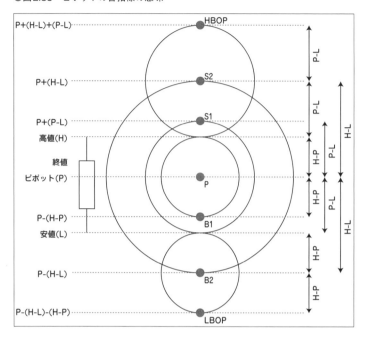

●図2.36　ピボットの例（日経平均株価の2018年6月〜7月の日足）

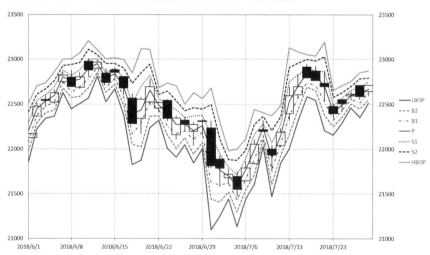

ピボットを使った売買タイミングの判断

　ピボットは通常、逆張りに使います。

　買いから入る場合、株価がB1やB2に近づいたら反発を狙って買い、S1やS2に近づいたら売って利益を確定します（図2.37）。また、株価がLBOPを下回ったら損切りします（図2.38）。

　一方、空売りから入る場合は買いのちょうど逆で、株価がS1やS2に近づいたら反落を狙って空売りし、B1やB2に近づいたら買い戻して利益を確定します（図2.39）。また、株価がHBOPを上回ったら損切りします（図2.40）。

　ただ、筆者が調べてみたところ、ピボットでの売買はあまりうまくいかないようです。例えば、株価がB1やB2に近づいたときに買っても、反発せずにそのまま下がってしまうことがよくあります。

●図2.37　ピボットでの買いから売り

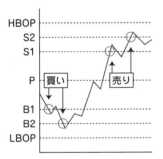

●図2.38　ピボットで買った後の損切り

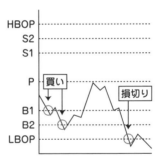

●図2.39　ピボットでの空売りから買戻し

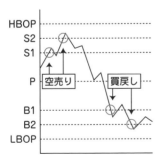

●図2.40　ピボットで空売りした後の損切り

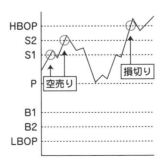

chapter2-11 新値足

値幅を重視した非時系列型罫線

ここまでで紹介してきた指標は、チャートを毎日（週／月）作図するものでした。それに対し、株価が大きく動いたときだけチャートを継ぎ足していく指標もいくつかあります。その1つとして「新値足」を紹介します。

新値足の描き方

新値足は、終値が直近の最高値（または最安値）を更新したときだけ、新たに線を追加していくというものです。ただし、株価の向きが変わる場合は、直近3本分の値幅以上に株価が動いた時点で線を書き込みます。

移動平均線など、毎日（週／月）チャートに描いていく指標は、総称して「**時系列型**」と呼びます。一方、新値足は毎日チャートに描くとは限りませんが、そのような指標を総称して「**非時系列型**」と呼びます。

表2.7は、新値足を作る方法の例です。まず、1月6日は前日の終値より株価が上がったので、陽線を引きます。10日／11日も、それまでの終値の最高値を上回っていますので、陽線を追加します。

12日～17日は、それまでの最高値（11日の667円）を超えていません。一方、それまでの3本の陽線の最安値（6日の655円）も下回っていません。したがって、その間は線を追加しません。

18日はそれまでの最高値（11日の667円）を更新したので、陽線を追加します。19日は高値を更新していないので、線を追加しません。

20日には635円まで値下がりしていますが、その前までの3本の陽線の最安値は10日の666円で、それを下回っています。したがって、ここで陽線から陰線に変わります。この後、23日／24日と最安値を更新していますので、陰線を追加します。

最終的には、この間の新値足は図2.41のようになります。

日付	株価（円）	描く線
2023年1月5日	621	
2023年1月6日	655	□：621→655
2023年1月10日	666	□：655→666
2023年1月11日	667	□：666→667
2023年1月12日	645	
2023年1月13日	660	
2023年1月16日	667	
2023年1月17日	666	
2023年1月18日	679	□：667→679
2023年1月19日	677	
2023年1月20日	635	■：679→635
2023年1月23日	632	■：635→632
2023年1月24日	610	■：632→610

●表2.7　ある銘柄の株価の動き

●図2.41　新値足の例

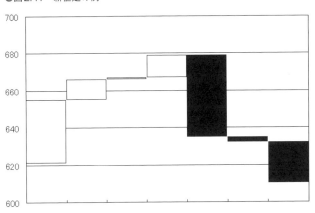

新値足の見方と売買タイミングの判断

　新値足では、売買タイミングの判断は非常にシンプルです。陽線に変わったら買い、陰線に変わったら売りとします。

　陽線に変わるのは、直近3本分の陰線の最高値を更新したときですので、その時点が買いのポイントです。同様に、売りのポイントも直近3本分の陽線の最安値を更新したときです。

　例えば、**カネコ種苗（1376）**の2022年3月〜2023年5月の日足で新値足を作った場合、売買タイミングは次ページの図2.42のようになります。青線の○が買いで、黒線の○が売りです。

チャート提供：TradingView(https://jp.tradingview.com)

新値足の弱点

　新値足は、株価が逆方向にある程度動かないと、陽線から陰線（あるいは陰線から陽線）に転換しません。そのため、**売買タイミングがどうしても遅めに出てしまう**ことになります。

　特に、株価が急騰／急落してから反転すると、陽（陰）線3本分の値幅がかなり大きくなりますので、転換のタイミングが一段と遅れてしまいます。

　また、一時的な押し目や戻りがあると、そこがダマシになってしまうこともよくあります。カネコ種苗の例を見ても、上昇トレンドと下落トレンドの途中で何箇所かダマシが出ていることがわかります。

　そこで、「直近3本の高値（または）安値を抜いたら、線の向きを変える」とすることもあります。このような新値足のことを、「**3本抜き新値足**」と呼びます。この本数を3本より多くすると、押し目や戻りでのダマシを減らすことができます。ただ、売買タイミングは一段と遅れてしまいます。

　ちなみに、カネコ種苗の例を5本抜き新値足に変えてみると、図2.43のようになります。売買回数が大幅に減り、ダマシも減っていますが、売買タイミングも遅れていることがわかります。

●図2.43　5本抜き新値足にすると、ダマシは減るが、売買タイミングも遅れる

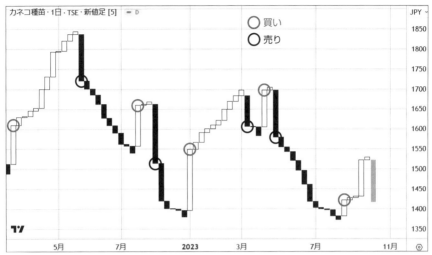

チャート提供：TradingView（https://jp.tradingview.com）

転換する前に反対売買する

　陽線になって買った後、陰線になるまで待たずに、陽線が何本か出た時点で売るという方法も考えられます。

　例えば、陽線になってから陰線になるまでに、陽線が平均して5本出るという傾向があるとしましょう。その場合、陽線が5本出た時点で売っておくことが考えられます。

　もっとも、実際には陽線1本で転換したり、陽線が何本も続いたりと、状況によって動き方はいろいろになります。トレンドや他の指標も見ながら判断することが必要です。

カギ足

総合的な分析ができる非時系列型指標

カギ足は、折れ線で株価の大まかな動きを表し、流れをつかむ際に役立つものです。これも非時系列型の指標の一種です。

カギ足の描き方

通常のローソク足チャートは、毎日（週／月）の株価の動きを描きますが、カギ足は株価が一定の値幅（もしくは一定率）動いたときだけ、チャートに線を追加していくものです。

株価が大きく動く時期は、毎日のように線を追加することになります。一方、株価の動きがほとんどない時期は、線をほとんど追加しないことになります。株価が同じ方向に動き続ける間は、それまでの線の上（または下）に線を継ぎ足します。一方、株価の向きが変わったら、列を1つ変えて線を描きます。

なお、カギ足は日足や週足から描くことが多いのですが、場合によっては線を引かない期間も出ますので、日足を元にする方が良さそうです。

●カギ足の例

ある銘柄の次ページの表2.8を例に、カギ足の描き方を見てみましょう。ここでは、3％以上の値動きがあったときに、線を追加するものとします。

まず1月6日の388円ですが、前日（5日の406円）から3％以上下落していますので、406円から388円まで線を引きます。1月10日も、直近のカギ足の388円から3％以上下落していて、下落が続いていますので、366円まで線を継ぎ足します。

1月11日は387円まで値上がりしていますが、直近のカギ足の位置は366円で、3％以上の値上がりです。それまでは下落でしたので、列を1列変えて、

●図2.44 表2.8に対応するカギ足

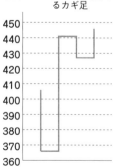

●表2.8　カギ足の作図手順の例

日付	株価（終値）	カギ足の位置	直前のカギ足の位置からの値動きの率	描く線
2023年1月5日	406			
2023年1月6日	388	406	−4.43%	1列目：406円→388円
2023年1月10日	366	388	−5.67%	1列目：388円→366円
2023年1月11日	387	366	5.74%	2列目：366円→387円
2023年1月12日	402	387	3.88%	2列目：387円→402円
2023年1月13日	422	402	4.98%	2列目：402円→422円
2023年1月16日	441	422	4.50%	2列目：422円→441円
2023年1月17日	435	441	−1.36%	
2023年1月18日	427	441	−3.17%	3列目：441円→427円
2023年1月19日	432	427	1.17%	
2023年1月20日	446	427	4.45%	4列目：427円→446円

366円から387円まで線を引きます。同様に、12日／13日／16日と線を継ぎ足します。17日は値下がりしていますが、直近のカギ足の位置からの値下がり幅は3%以内ですので、何もしません。18日もさらに値下がりしていますが、ここで直近のカギ足の位置から、列を変えて線を引きます。

　19日は値上がりしていますが、値上がり幅は3%に満たないので、何もしません。次の20日で、直近のカギ足の位置から3%以上の値上がりになっていますので、列を変えて線を引きます（図2.44）。

カギ足の見方

　カギ足で買いのタイミングを判断する場合、直近の高値を抜いたというのが、最も基本となります。このような形を、「**一段抜き**」と呼びます。また、直近の高値のことを、「**肩**」と呼びます。

　特に、安値から上がっていったん押し目をつけ、再度上昇する場合、押し目までの値幅が、最初の上昇の値幅の半分以内であれば、より強い買いの形と言われます。

　売りのタイミングの判断は、買いのちょうど逆になります。つまり、直近の安値を抜いたところが売りです。このとき、直近の安値のことを「**腰**」と呼びます。

　五瞼（ごけん）は、肩と腰がともに切り上がる（切り下がる）形です。2つ目の肩を抜いた時点が買いのポイントです（売りは2つ目の腰を抜いた時点）。一段抜きに比べて、よりトレンドがはっきりした形です。

三尊は、第1章のパターンのところでお話しした「逆ヘッド・アンド・ショルダー型」と同じような形です。買いの場合、1つ目の肩と2つ目の肩がほぼ同じ高さになります（売りの場合は腰の高さがほぼ同じ）。

最後の両窓は、株価が急に動いた後、反転してきた形です。図の点線の部分のように、値段が飛んだところのことを「**窓**」と呼びます。また、底（売りでは天井）の両側に窓があることから、「**両窓**」と呼びます。両窓は強い買い（売り）のサインとされています。

●表2.9　カギ足での売買タイミングの判断方法

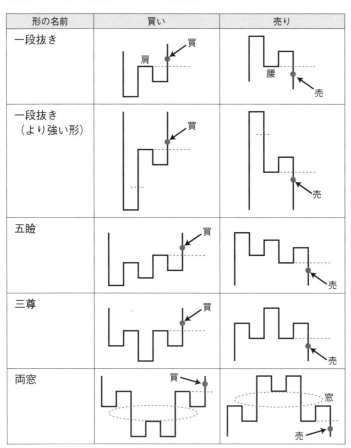

●カギ足を使った売買タイミングの判断例

　図2.45 は、**戸田工業（4100）**の2020年12月〜2023年1月のカギ足チャートです（日足ベース）。株価が40円変化するたびにカギ足を追加する形にしています。

　まず、図の右側の「①三尊」の部分を見てみましょう。株価が底から上昇トレンドが続いていたところで三尊が出ていて、3,000円下あたりが売りのポイントになっています（青い○の部分）。この後、株価は大きく下落しています。

　一方、図左側の「②一段抜き(売り)」は、株価が大きく上昇した後に出て、「より強い形」となっています。

　左端の「③三角形型」は、下値が一定ラインで支持され平行な一方、上値が切り下がっています。下値支持線／上値抵抗線のどちらかの線を超えると、その方向に株価が動きやすくなる形です。実際、上値抵抗線を超えた（青い○の部分）後は、株価は上昇し、上昇トレンドになっています。

　また、図の中には④や⑤の上昇トレンドと、⑥の強い下落トレンドもできています。

　このようにカギ足では、中期的なトレンドを大まかにつかむこともできます。

●図2.45　カギ足での売買タイミングの判断例（戸田工業の日足）

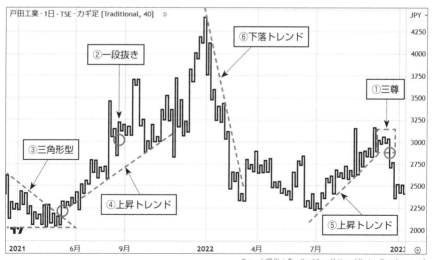

チャート提供：TradingView（https://jp.tradingview.com）

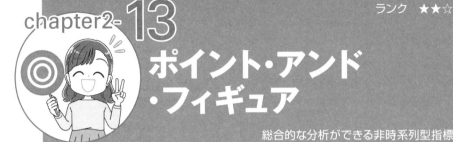

chapter2-13 ポイント・アンド・フィギュア

総合的な分析ができる非時系列型指標

　ポイント・アンド・フィギュア（以後「P&F」と略）は、欧米でよく使われている分析手法で、カギ足を改良したようなものです。

P&Fの作図方法

　P&Fでは、カギ足と同様に、一定の値幅だけ株価が動いたら、マークを継ぎ足していくものです。1単位分の値幅を1ポイントとします。株価の水準に応じて、1ポイントあたりの値幅は表2.10のようにするのが一般的です。

　株価が上昇したときには、1ポイントにつき、「×」のマークを1個書き込みます。一方、下落したときには「○」のマークを使います。

　また、それまでの方向と逆方向に、3ポイント以上の値動きがあった場合は、列を変えて次のマークを記入します。ただし、「列を変えたときには、それまでの列と1ポイントずらした位置から書き始める」という決まりがありますので、実質的には4ポイントの値動きがあったときに、列を変えることになります。

　なお、ポイント・アンド・フィギュアは日足から作ると良いようです。

●表2.10　1ポイントあたりの値幅の例

株価の水準	1ポイントあたりの値幅
～100円	2.5円
100～200円	5円
200～1,000円	10円
1,000～5,000円	20円
5,000～10,000円	100円
10,000円～	200円

●P&Fの作図例

　実際にP&Fのチャートを作ってみましょう。例として、株価が表2.11のように動いたものとします。株価の水準は800円近辺なので、表2.10より1ポイントを10円とします。

　描き始めの時点では、株価が上下どちらかに3ポイント分動いたら、マーク

●表2.11　P&Fの作図手順の例

日付	株価 （終値）	切り上げ／ 切り捨て後 の株価	記入するマーク
2023年1月5日	810	810	
2023年1月6日	776	780	810円→780円（○を3個）
2023年1月10日	732	740	780円→740円（○を4個）
2023年1月11日	774	770	
2023年1月12日	804	800	750円→800円（×を5個）
2023年1月13日	844	840	800円→840円（×を4個）
2023年1月16日	882	880	840円→880円（×を4個）
2023年1月17日	870	870	
2023年1月18日	838	840	870円→840円（○を3個）
2023年1月19日	864	860	
2023年1月20日	892	890	850円→890円（×を4個）

●図2.46　表2.11から作ったP&F

を書き込みます。ただし、株価が1ポイント分の整数倍でない場合は、株価上昇時は整数倍になるように切り捨てます（例えば、1ポイント10円なら10円単位に切り捨て）。一方、下落時は切り上げにします。

　表2.11の例の場合、1月6日に776円に値下がりしています。1ポイントを10円にしましたが、776円は10円の整数倍ではありません。下落なので10円単位で切り上げて、780円として考えます。

　前日（1月5日）の810円から見ると、780円までの値幅は30円で、これは1ポイント（＝10円）の3倍です。したがって、3ポイント下落したことになりますので、「○」のマークを3個記入します。同様に、1月10日には780円から740円まで、マークを4個記入します。

　1月11日には774円まで上昇していますが、上昇なので10円単位で切り捨てて、770円になったとして考えます。前日（1月10日）の740円と比べると、上昇幅は30円（＝マーク3個分）です。

　株価の方向が変わったら列を変えますが、その場合はマーク1個分ずらして、さらに3個分以上（合計で4個分以上）の値動きがあるまでは記入しません。この時点ではまだ3個分しか動いていませんので、何も記入しません。

　次の1月12日にはさらに上昇して、株価は804円になっています。上昇なので、10円単位で切り捨てると800円です。これを直近の740円と比較すると、6ポイント分（＝60÷10）ですので、列を変えて「×」のマークを記入します。

　ただし、列を変えるので最初の1個は記入せず、実際に記入するのは5個です。

以下同様にしてP＆Fを作図すると、図2.46のようになります。

P&Fの見方

P＆Fは、売買タイミングの判断や、目標株価の計算に使うことができます。

▶売買タイミングの判断

最も基本的な判断方法は、直近の高値を上回ったら買い、直近の安値を下回ったら売り、というものです（図2.47）。

また、○と×の並び方のパターンで、売買タイミングを判断することもできます。第1章で株価のパターンの見方を紹介しましたが、それと似たような判断方法をとります。例えば、株価が底を打って反転すると、○×の安値が徐々に切り上がっていく形ができます。このような形は「**強気信号型**」と呼ばれ、買いと判断します（図2.48）。他にも、パターンでの判断方法はいろいろあります。

さらに、P＆Fのチャートの上にトレンドラインを引いて、株価のトレンドを考えることもできます。

●図2.47　直近の高値を上回ったら買い、安値を下回ったら売り

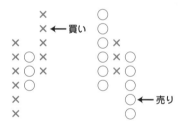

●図2.48　強気信号型の買いと売り

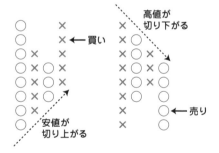

▶目標株価の計算

「カウンティング」という手法で、株価の予測値を計算することもできます。「水平カウンティング」と「垂直カウンティング」の方法があります。

水平カウンティングは、保ち合いになった期間（列数）の3倍だけ、株価が上昇（または下落）するというものです。例えば、図2.49のように、保ち合いの期間が4列あったなら、その後の株価上昇（または下落）は4×3＝12ポイント分になると予測します。

●図2.49　水平カウンティング

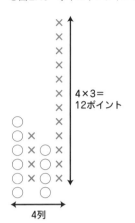

4×3＝
12ポイント

4列

●図2.50　垂直カウンティング

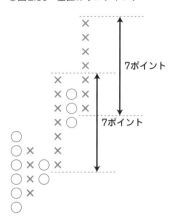

7ポイント

7ポイント

　また、垂直カウンティングは、直近の上げ（下げ）幅が、次回にも表れるとするものです。例えば、上げに入って最初の上げ幅が7ポイントだったなら、次の上げ幅も7ポイントになると予測します（図2.50）。

●P＆Fを使った売買タイミングの判断例

　P＆Fで売買タイミングを判断する例として、次ページの**兼松（8020）**の2015年2月〜2022年5月のP＆F（日足ベース）を見てみましょう（図2.51）。

　チャート内に青線の○を示しましたが、これらは直近の高値／安値を抜いた時点で、それぞれ買い／売りのポイントです。保ち合いの時期にはダマシもありますが、トレンドがはっきりしているときにはうまくいっている傾向があります。

　①の強気の**三角保ち合い型**は、P＆Fでのパターンの一種です。高値が切り下がる一方、安値は切り上がる形で、上下どちらかに抜けた方へ株価が大きく動くとするものです。①では上に抜けていますので、買いと判断します。

　②では**ダブルトップ型**（53ページ参照）に近い形状が出ています。③で株価がネックラインから下に抜けた後は、下落トレンドになっていることがわかります。また、④では**フラッグ型**（57ページ参照）の形になっています。その後株価が上に抜けると、大きく上昇しています。

　⑤はP＆Fに上昇トレンドのラインを、そして⑥は下落トレンドを引いたものです。また⑦は下値支持線になっており、それを下に抜けると大きく下落してい

ます。下抜け後は、今度は上値抵抗線になり、それを上に抜けると大きく上昇しています。

●図2.51　P&Fでの売買タイミングの判断例（兼松の日足）

チャート提供：TradingView（https://jp.tradingview.com）

CHAPTER3

オシレータ系の
テクニカル指標を
使いこなす

オシレータ系のテクニカル指標は、株価の振動の度合いを測るのに使われます。日々の株価の動きに敏感に反応しますので、どちらかと言えば短期売買に適しています。
オシレータ系の指標にはたくさんの種類がありますが、第3章ではその中からよく使われているものをいくつか紹介します。

chapter3-1 オシレータ系指標の概要

オシレータ系の指標は多数ありますが、まずはその概要から話を始めます。

株価の振動の大きさを表す

オシレータ系の指標は、株価の振動の大きさを分析するために使います。株価の上下に沿って、オシレータ系指標の値も上下します。短期的な株価の上下にも敏感に反応する性質があります。

また、株価は上がりすぎたり下がりすぎたりすることもよくありますが、そのようなときには通常、オシレータ系指標も極端な値を指し示します。したがって、オシレータ系指標を利用して株価の行きすぎを判断すれば、売買タイミングを考える際に役立ちます。

そのまま使うとダマシが多い

オシレータ系指標の難点は、ダマシが多いということです。オシレータ系指標は株価の動きをほぼストレートに反映し、かなりジグザグした動きをします。そのため、ちょっとした株価の変化で売買のサインが頻繁に出てしまい、そのすべてに従うとダマシだらけになってしまいます。

1つのオシレータ系指標だけで売買タイミングを判断せずに、複数のオシレータ系指標を組み合わせたり、あるいはトレンド系指標を合わせて見たりすることで、売買タイミングを判断することが必要です。また、逆行現象と言って、株価が底や天井を打つ前にオシレータ系指標が先行して反対方向に動くこともあります（詳細は185ページ参照）。そういった性質も利用するようにします。

種類が多い

オシレータ系の指標はさまざまな人によって開発されていて、種類が多いという特徴もあります。それぞれに特徴がありますので、自分のスタイルに合う指標を選んで使うと良いでしょう。

chapter3-2 モメンタム

値動き幅から株価の行きすぎを判断する

オシレータ系指標の第一歩として、モメンタムから説明します。

モメンタムの計算方法

モメンタム（momentum）は、オシレータ系のテクニカル指標の中で最もシンプルなものです。計算方法は簡単で、現在の株価から一定日（週／月）前の株価を引くだけです。

モメンタム＝現在の株価－過去の株価

例えば、図3.1のように株価が変化した場合、今日の10日モメンタムは、500円－450円＝50円となります。

この例では現在と10日前の株価を比較しましたが、15日前／20日前／25日前などと比較することもあります。また、日足だけでなく、週足でモメンタムを計算してもかまいません。

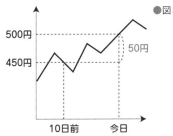

●図3.1　株価の動きとモメンタム

モメンタムの見方

株価が上昇傾向にあるときは通常、現在の株価は過去の株価より高くなります。そのため、モメンタムはプラスの値を取ります。特に、株価上昇の勢いが強いほど、モメンタムの値も大きくなります。

逆に、株価が下落傾向になるとモメンタムの値はマイナスになり、株価急落時にはモメンタムはマイナスの大きな値になります。

オシレータ系指標をグラフ化すると、株価の天井／底の位置と、指標の天井／底の位置が一致する傾向があります。ただ、常に一致するわけではなく、オシレータ系指標の方が先に天井／底を打って、その後に株価の向きが変わることもよくあります。これを「**逆行現象**」と呼びます（185ページで再度解説します）。

図3.2は、**三井物産（8031）**の2023年3月〜10月の日足チャートと10日間モメンタムを比較したものです。

まず、株価が短期的な天井をつけたところを見てみます（6月下旬）。このときモメンタムも高い値をつけています。8月初旬の目先の天井も比較的高い値をつけています。ただ、それ以外の短期的な天井では、モメンタムがあまり高くないところもあります。一方、7月上旬と10月上旬に株価が短期的な底を打っていて、モメンタムも低い値です。ただ、それ以外の短期的な底では、モメンタムがそれほど低くなっていないところもあります。

●図3.2　三井物産の日足と10日モメンタム

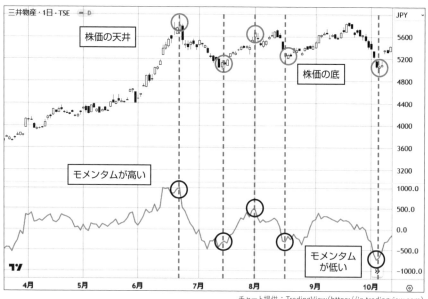

チャート提供：TradingView（https://jp.tradingview.com）

モメンタムの範囲で売買タイミングを判断する

　株価がそう大きくない幅で上下するような銘柄なら、モメンタムもある程度の範囲の値を取る傾向があります。そして、モメンタムが範囲の上限あたりまで来ると株価も天井を打ち、モメンタムが下限あたりまで来ると株価も底を打つ傾向が出ます。そこで、モメンタムの値の範囲を見て、売買タイミングを判断することも考えられます。

　図3.3は、**丸大食品（2288）** の2022年10月〜2023年8月の日足チャートと、10日モメンタムを比較したものです。これを見ると、モメンタムは−60円〜＋60円の範囲にほぼ収まっていることがわかります。

　そこで、モメンタムが−60円を下回って（に近づいて）反発してきたら買い、＋60円を上回って（に近づいて）反落したら売り、というような判断をすることが考えられます。

　また、チャートの右端では、株価の動きが大きくなってモメンタムも大きく上昇し、ダマシになっています。このように、株価の動きが変わるとモメンタムも動きが変わりますので、その場合は判断方法を再考するようにします。

●図3.3　丸大食品の日足と10日モメンタム

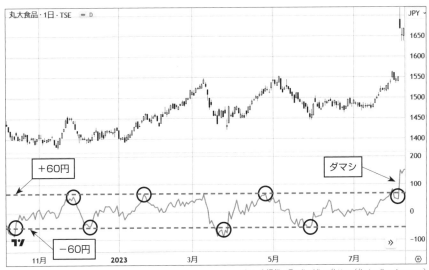

チャート提供：TradingView（https://jp.tradingview.com）

ROC

値上がり／値下がり率から株価の行きすぎを判断する

モメンタムの欠点を改良した指標として、ROC(Rate Of Change)があります。

ROCの計算方法

モメンタムは単純に値動きの幅を取ったものなので、株価の高低によって値が大きく変わってしまいます。ROCはこの点を改良したもので、株価の高低に関係なく使うことができます。

計算方法は簡単で、過去の株価から見た現在の株価の値上がり（値下がり）率がROCにあたります。具体的な計算式は以下の通りです。

$$ROC = \frac{現在の株価 - 過去の株価}{過去の株価} \times 100(\%)$$

例えば、図3.4のように10日間で株価が500円から550円に上がった場合、10日間で株価が10%上がったことになりますので、今日の10日ROCは10%です。

なお、この例では計算期間を10日間にしていますが、他の日数でもかまいません。15日、20日、25日などが考えられます。また、週足で計算してもかまいません。計算期間を長くするほど、その間の株価の変動は大きくなりますので、ROCの値も大きく動くことになります。

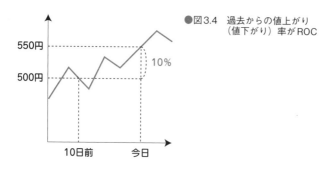

●図3.4　過去からの値上がり
（値下がり）率がROC

ROCの見方

　株価は上がったり下がったりしますが、短期間で極端に上がったり下がったりすることはそうありません。そのため、ROCの値が極端に大きくなることもめったにありません。また、極端に株価が動くと、その反動が起こることもよくあります。そこでROCで売買タイミングを判断するには以下のようにします。

　①ROCの値が極端に高くなったら、手持ちの株を売る（図3.5）

　②ROCの値が極端に低くなったら、空売りしている株を買い戻す（図3.6）

　「極端に高い（低い）」ということは、過去のROCがどのような範囲で動いてきたかを見て判断します。例えば、過去のROCがほぼ－20％～＋20％の範囲で上下している銘柄の場合、ROCが＋20％を超えたら「極端に高い」と判断して、持ち株を売るようにします。一方、ROCが－20％を下回ったら「極端に低い」と判断して、空売りしている株を買い戻します。

　また、上記の①、②のポイントで、以下のように新規にポジションを取ることも考えられます。

　①ROCの値が極端に高くなったら、新規に空売りする

　②ROCの値が極端に低くなったら、新規に買いを入れる

　ただ、ROCはオシレータ系指標ですので、逆行現象（185ページ参照）が起こることもあります。ROCが底打ちしたのに株価がさらに下がったり、ROCが天井をつけたのに株価がさらに上がることがあります。したがって、①、②で新規にポジションを取ると、思惑がはずれてその後に大きな損失をこうむるというリスクがあることも考えておかねばなりません。

●図3.5　ROCでの売りタイミングで判断

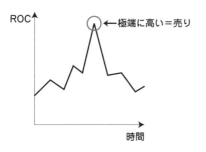

●図3.6　ROCでの買いタイミングで判断

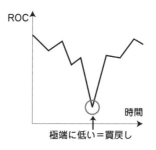

●ROCを使った売買タイミングの判断例

　図3.7は、**資生堂（4911）**の2022年11月〜2023年7月の日足チャートと10日ROCです。上が日足チャートで下がROCのチャートです。これを使って、売買タイミングを判断することを考えてみましょう。

　このチャートを見ると、ROCはほぼ+10%〜−7%の範囲で上下していることがわかります。ROCが−7%を下回ったタイミングは、新規に買いを入れたり、空売りしていた株を買い戻したりするのに良さそうです。逆に、ROCが+10%を上回ったタイミングは、持っていた株を売ったり、新規に空売りしたりするのに良さそうです。そこで、以下の条件で売買することにします。

①ROCが底打ちして上がりだし、−7%を上回ったら買い

②①の後、ROCが+10%を上回ったら売り

③ROCが天井をつけて下がりだし、+10%を下回ったら空売り

④③の後、ROCが−7%を下回ったら買戻し

　この条件に沿って売買のタイミングを示すと、買いタイミングは「買い①から買い⑤」の5か所あり、空売りタイミングは「空売り①から空売り⑤」の5か所あります。それぞれの箇所を見ると、「買い①➡売り①」や「買い③➡売り③」、

●図3.7　ROCでの売買タイミングの判断例（資生堂の日足）

チャート提供：TradingView（https://jp.tradingview.com）

「空売り①➡買戻し①」など、成功している箇所がいくつかあります。中でも、「買い④➡売り④」では10%以上の利益が得られています。

ただし、「空売り④」のように、その後に株価が急騰して、ダマシになったところもあります。また、「買い②」や「空売り②」のように、買い条件（空売り条件）を満たしたものの、その後にROCが条件まで上がらず（下がらず）、売り（買戻し）のタイミングがこないまま反転することもあります。このような場合の損切りの条件も考えておく必要があります。

ROCの注意点

ROCは単なる値上がり（値下がり）率であり、計算期間の取り方によって、ROCの値が取る範囲も変わってきます。特に、計算期間を長くすればするほど、値動きの率も大きくなりますので、ROCの取る範囲も広くなります。

そのため、「ROCが何％を超えたら買いで、何％を下回ったら売り」のような基準は、計算期間によって異なります。ROCで売買を判断するには、前ページの例で行ったように、まずROCがどの程度の範囲の値に分布しているかを調べ、それを元にして売買の条件を決めていくことが必要です。

COLUMN

ROCのもう1つの計算方法

ROCの計算方法として、140ページの式で求める方法のほかに、以下の式も使われています（ここではこれをROC$_{100}$と呼ぶことにします）。

$$ROC_{100} = \frac{現在の株価}{過去の株価} \times 100(\%)$$

ROC$_{100}$は過去の株価を100として、現在の株価がどのぐらいになっているかを表すことになります。

また、140ページの式のROCをROC$_0$と呼ぶことにすると、ROC$_{100}$とROC$_0$には以下のような関係があります。つまり、ROC$_{100}$はROC$_0$を100％だけずらした値になります。

$$ROC_{100} = ROC_0 + 100(\%)$$

ランク ★☆☆

サイコロジカルライン

投資家心理から株価の行きすぎを判断する

サイコロジカルラインは、人間の心理に着目したテクニカル指標です。といっても、仕組みは比較的シンプルです。

サイコロジカルラインの計算方法

株価が何日も続いて上昇すると、「そろそろ上昇が止まるのではないか」と考える人が増えてきて、実際に上昇が止まることが多くなります。逆に、下落が何日も続いた後は、「そろそろ上がるのでは」と考える人が増えて、上昇に転じることが多くなります。

このように、株価が何日も上昇（下落）を続けることは少ないものです。そこで、ある期間のうち、株価が上昇した日数の割合を求めて、それで売買タイミングを判断するという方法が考えられました。これが「サイコロジカルライン」です。「サイコロジカル」は心理的という意味ですが、市場に向かう人間の心理を数値化したことから、この名前がついています。

サイコロジカルラインは、以下のように計算します。計算対象期間は12日（週）にするのが一般的です。

$$\text{サイコロジカルライン} = \frac{\text{計算対象期間の株価上昇日の日数}}{\text{計算対象期間の日数}} \times 100(\%)$$

例えば、12日中9日株価が上昇した場合、サイコロジカルラインの値は図3.8のように75％となります。

株価が上昇傾向のときは、下落する日数よりも上昇する日数の方が多いため、株価が上昇傾向になると、サイコロジカルラインは50％を超える日（週／月）が多くなります。逆に、株価が下落傾向なら、上昇する日数より下落する日数の方が多いので、サイコロジカルラインは50％を割る日（週／月）が多くなります。なお、サイコロジカルラインでは、上昇した日を勝、下落した日を敗と数えます。例えば、9日上昇で3日下落なら、「9勝3敗」と数えます。また、株価が変化しなかった場合は、1敗として数える方法もあれば、0.5勝0.5敗と数え

●図3.8　サイコロジカルラインの計算例

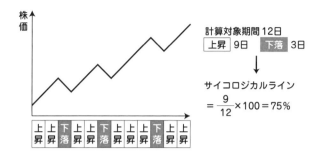

る方法もあります。

サイコロジカルラインの見方

　計算対象期間を12日（週）にした場合、そのうちの10日（週）以上株価が上昇することは、ほとんどありません。

　12日（週）のうち10日（週）株価が上昇すれば（10勝2敗）、サイコロジカルラインの値は83.3％になります。上記の話から、計算対象期間を12日にするなら、サイコロジカルラインの値が83.3％以上なら、それ以上上昇が続く可能性は低いので、売りのタイミングだと判断することになります。

　一方、12日（週）間で2日（週）以下しか株価が上がらないことも、ほとんどありません。2勝10敗だとサイコロジカルラインの値は16.7％なので、計算対象期間を12日にする場合、サイコロジカルラインの値が16.7％以下なら買いのタイミングと判断します。

　もっとも、10勝2敗や2勝10敗はめったにありませんので、銘柄によっては、9勝3敗や3勝9敗まで範囲を広げて判断することも考えられます。

●サイコロジカルラインを使った売買タイミングの判断例

　次ページの図3.9は、**日清製粉グループ本社（2002）**の2021年12月〜2022年11月の日足チャートに、サイコロジカルラインを入れてみた例です。株価が変化しなかった場合は0.5勝0.5敗としてカウントされています。

　図中の「買い①」〜「買い④」の箇所は、サイコロジカルラインが25％まで下がったところです（12日中3勝）。買い②と買い③は目先の底に近い位置で、良いタイミングだったことがわかります。しかし、買い④ではその後に株価が

チャート提供：ゴールデン・チャート社

下落していて、ダマシになっています。

　一方、「売り①」～「売り③」の部分は、サイコロジカルラインが75％まで上がったところです（12日中9勝）。売り②はほぼ目先の天井付近で出ていますので、まずまずの成功と言えるかもしれません。また、売り①と売り③は、いずれも買いの位置から見れば株価が上がっています。ただ、その後に株価上昇が続いていて、利益を取り損ねています。特に、売り①は買い①からの上昇幅が小さく、あまり成功とは言えません。

ダマシが多いことに注意

　サイコロジカルラインを見てみると、ダマシが多い傾向があります。特に、日足ではダマシが多くなります。

　他のオシレータ系指標は、株価の天井や底に近い位置で反転することがよくありますが、サイコロジカルラインでは必ずしもそうではないようです。

　また、例えば東証グロースの銘柄のように、売買が一方向に動きやすい銘柄の場合、12勝0敗や0勝12敗のようなことも起こります。そのような銘柄は、サイコロジカルラインだけで判断するのは危険です。

chapter3-5

乖離率

移動平均線からの離れ具合で株価の行きすぎを判断する

　オシレータ系のテクニカル指標の中で、乖離率は最もポピュラーなものの1つで、よく使われています。

乖離率の計算方法

　乖離率は、移動平均線から株価がどの程度離れて（乖離して）いるかを数値化した指標です。計算方法は以下のようになります。

$$乖離率 = \frac{株価 - 移動平均}{移動平均} \times 100 (\%)$$

　例えば、図3.10のように移動平均が1,000円、株価が1,050円の場合、乖離率は5％と計算されます。

　株価が移動平均線と同じなら、乖離率は0％です。株価が移動平均線よりも高ければ、乖離率はプラスの値になります。そして、株価が移動平均線よりも安ければ、乖離率はマイナスの値になります。また、株価が移動平均線から大きく離れているほど、乖離率も大きな値を取ることになります。

　なお、乖離率は日足や週足で使うのが一般的です。

●図3.10　乖離率の計算方法

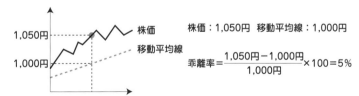

株価：1,050円　移動平均線：1,000円

$$乖離率 = \frac{1,050円 - 1,000円}{1,000円} \times 100 = 5\%$$

乖離率の見方

　株価は上がったり下がったりしますが、移動平均線からそう大きく離れる（乖離する）ことはあまりありません。しかし、ときには株価が急騰（あるいは急落）

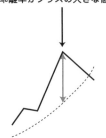
移動平均線から上に大きく乖離
＝乖離率がプラスの大きな値＝売り

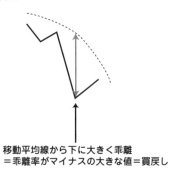
移動平均線から下に大きく乖離
＝乖離率がマイナスの大きな値＝買戻し

して、移動平均線から大きく乖離することもあります。

　ただ、移動平均線から大きく乖離した状態がいつまでも続くことはなく、いずれは急騰（急落）が収まって、株価は移動平均線に近づきます。

　株価が移動平均線から大きく上に離れると、乖離率もプラスの大きな値を取ります。そこで、そのような状況になったら、利益確定のために売ると良いでしょう。一方、株価が移動平均線から下に大きく離れて、乖離率がマイナスの大きな値を取ったら、空売りした株を買い戻して利益確定すると良いでしょう。この考え方は、グランビルの法則の4番目そのものにあたります（図3.11）。

　どのぐらい乖離したら買い（売り）になるかということは、過去の乖離率の動きから判断します。例えば、過去の乖離率の分布が−10％〜＋10％の範囲にほぼ収まるなら、乖離率が＋10％を超えたら売り、−10％を超えたら買い戻しと判断します。

▶乖離率を使った売買タイミングの判断例

　図3.12は、レスターHD（3156）の2022年8月〜2023年6月の日足チャートに、25日移動平均線と、そこからの乖離率を入れたものです。グラフの下3分の1ぐらいに乖離率が表示されています。

　これを見ると、乖離率が＋7％を上回ることや、−7％を下回ることは、ほとんどないことがわかります。したがって、この例では乖離率が＋7％を上回ったら、とりあえず持ち株は売って利益確定しておく方が無難だと言えます。逆に、乖離率が−7％を下回ったら、空売りした株は買い戻しておく方が確実です。

　また、株価の上下と乖離率の上下は、ほぼ一致している傾向があります。乖

離率が目先の天井を打ったところに点線のマークを入れてありますが、そのときには株価も目先の天井にほぼ一致していることがわかります。逆に、乖離率の目先の底の位置と、株価の目先の底の位置も、一致する傾向があることがわかります。

　図中の①のように、乖離率の天井が株価の中期的な天井にほぼ合うこともあります。逆に、乖離率の底が株価の中期的な底に合うこともあります。ただ、図中の②の部分のように、乖離率は徐々に上昇しているにもかかわらず、株価は下落が続いて、株価と乖離率の動きが連動しないことが起こることもあります。

　株価が急激に上昇（または下落）した後に横ばいの動きになると、移動平均線が株価に徐々に接近してきます。そのため、乖離が収まっていって、株価と乖離率が連動しない現象が起こります。

　また、株価の上昇力が衰えると、先に乖離率が天井を打ち、その後に株価が天井を打つことが起こります。同様に、株価の底が乖離率の底よりも先に来ることもあります。このようなことを「逆行現象」と呼びます（185ページ参照）。

●図3.12　乖離率を使った判断例（レスターHDの日足）

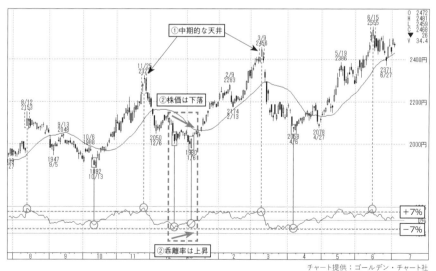

チャート提供：ゴールデン・チャート社

乖離率とエンベロープ

　株価が移動平均線から極端に乖離することは少ないので、移動平均線からある程度乖離した位置に線を引くと、その範囲内に株価の動きがほぼ収まることになります。このようにして引いた線のことを、「**エンベロープ**」と呼びます。

　例えば、株価の移動平均線からの乖離が、傾向的に±10％の範囲内に収まりやすいとしましょう。その場合、移動平均線＋10％と−10％の位置に引いたエンベロープは、それぞれ上値抵抗線／下値支持線のような働きをすることになります。

　図3.13は、先ほどのレスターHDのチャートで、25日移動平均線の上下7％の位置にエンベロープを引いた例です。このチャートを見ると、株価はエンベロープの中にほぼ収まっていることがわかります。

　ただ、株価は動きが穏やかになったり激しくなったりします。エンベロープでは単純に移動平均線から一定率乖離したところに線を引くだけなので、**株価の動きの大きさはあまり反映されない**というデメリットがあります。エンベロープよりも、94ページで紹介したボリンジャーバンドの方が、より確率が高いと考えられます。

●図3.13　エンベロープの例（レスターHDの日足）

チャート提供：ゴールデン・チャート社

chapter3-6 RSI

値上がり幅の比率で株価の行きすぎを判断する

RSI（relative strength index）は、オシレータ系指標の中では代表格とも言えるもので、非常に多用されています。「相対力指数」とも呼ばれます。

RSIの計算方法

RSIはJ.W.ワイルダー氏によって考案されたテクニカル指標で、株価の行きすぎを判断するための指標です。計算方法は比較的シンプルで、以下のようになっています。計算期間中の値動き幅の内で、値上がり幅が占める割合を表しています。計算期間は日足なら14日を使うのが一般的ですが、それ以外の期間を使ってもかまいません。週足なら10〜15週程度が良いようです。

$$RSI = \frac{A}{A+B} \times 100(\%)$$

A：計算期間内の値上がり幅の合計／B：計算期間内の値下がり幅の合計

例えば、直近14日間の値上がり幅の合計が600円、値下がり幅の合計が400円の場合、RSIは図3.14のように計算され、60%となります。

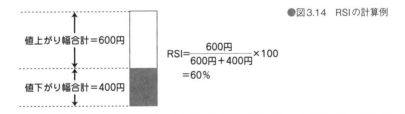

●図3.14　RSIの計算例

値上がり幅合計＝600円

値下がり幅合計＝400円

$$RSI = \frac{600円}{600円 + 400円} \times 100$$
$$= 60\%$$

RSIの見方

計算期間内で株価が上昇を続けると、RSIの値は100%になります。一方、株価が下落を続けると、RSIの値は0%になります。実際には、上昇／下落が続くことは少ないので、RSIは0%－100%の間の値を取ることになります。

一般に、RSIの値が20〜30%を下回ったら買い、70〜80%を上回ったら

売りと言われています。特に、RSIが80％以上や20％以下になることはあまりないので、そのようなときは重要なポイントです。ただ、RSIが30％を下回ったまま株価が下がり続けたり、70％を上回ったまま株価が上がり続けたりすることもあります。そのような状況になると、失敗することもあります。あくまで目先の天井（底）かどうかを判断するのに使う方が良いでしょう。

● RSIを使った売買タイミングの判断例

　図3.15は、**オープンアップグループ（2154）**の2023年2月〜10月の日足チャートに、14日RSIを追加したものです。

　株価の上下がはっきりしている時期（図中の①）では、株価の天井／底とRSIの天井／底が比較的一致している傾向が見られます。このような時期には、RSIを売買タイミングの判断に使うことができそうです。一方、株価が一方向に動きやすい時期では、RSIの動きがあまりはっきりせず、タイミングをつかみづらい傾向があります。

　また、図中の②のように、株価が徐々に上昇する一方でRSIが先に下がり始める（**逆行現象**）こともあり、トレンドの転換を見つけるためにRSIを使うことはできそうです。

●図3.15　RSIを使った判断例（オープンアップグループの日足）

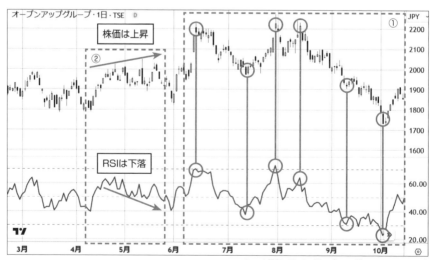

チャート提供：TradingView（https://jp.tradingview.com）

RSIを移動平均して使う

　RSIを始めとして、大半のオシレータ系指標は株価の動きに敏感に反応して上下します。ただ、その分売買タイミングの判断が難しいのです。というのも、RSI等はギザギザと動くため、いつ天井や底をつけたかがわかりにくいからです。

　そこで、RSI等の値をそのまま使わずに、適当な期間を取って値を移動平均して、それを使うことも考えられます。移動平均すればギザギザした動きがスムースになり、指標の向きを判断しやすくなります。

　ただ、移動平均することで元のRSI等よりやや遅れて動くことになり、オシレータ系指標の良さが若干失われます。移動平均の期間を長くしすぎないように、注意することが必要です。

　図3.16は、図3.15のチャートに、14日RSI（グレーの線）とその5日移動平均（黒い線）を追加したものです。14日RSIだけをそのまま使うと、特にレンジ気味の時期では上下動が激しくどこで底や天井をつけたかわかりにくいのですが、移動平均することで動きが滑らかになり、2本合わせて見ることで底と天井の位置を把握しやすくなっています。

●図3.16　RSIとその移動平均の例（オープンアップグループの日足）

チャート提供：TradingView（https://jp.tradingview.com）

3-6　RSI　153

ランク ★★☆

RCI

株価と時間の相関から行きすぎを判断する

RCIは、統計学の「スピアマンの順位相関係数」をテクニカル分析に応用した指標です。オシレータ系とトレンド系の両方の性質を持っています。

RCIの計算方法

RCIは、株価そのものを計算対象にせずに、株価の動きに順位をつけて、それを元に「順位相関係数」を計算して求めるものです。RCIは順位相関係数（rank correlation index）の頭文字を取ったものです。

「相関係数」というのは、2つのデータ群に直線的な関係があるかどうかを調べるときに使うものです。「Aが増えるとBも増える」という関係がある場合、相関係数は1（＝100％）に近い値になります。逆に、「Aが増えるとBが減る」という関係の場合、相関係数は-1（＝-100％）に近い値になります。また、「AとBに特に関係がない」場合は、相関係数は0近辺の値になります（図3.17）。

●図3.17 データ群の関係と相関係数の値

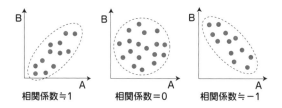

相関係数にはいくつかの種類がありますが、RCIは「スピアマンの順位相関係数」を使って計算します。まず、株価の動きに順位をつけます。一定の期間の株価の中で、最高値を1位とします。一方、日付にも順位をつけ、直近を1位、その前を2位‥‥というようにします。そして、以下の式でRCIを計算します。

$$RCI = \left[1 - \frac{6 \times (日付の順位 - 株価の順位)^2 の合計}{計算期間 \times (計算期間^2 - 1)} \right] \times 100 (\%)$$

計算期間の取り方はいろいろですが、日足なら10日～20日程度、週足なら10週～20週程度で選ぶと良いようです。

❷ RCIの計算例

表3.1は、RCIを実際に計算する例です。計算期間は5日としています。まず、それぞれの日の株価と日付の順位を求めます。例えば1日の場合、株価は上から3番目に高いので3位です。また、日付は直近から順につけるので、5位となります。

次に、それぞれの日について（日付の順位－株価の順位）の2乗を計算し、それらを合計します。そして、先ほどあげた式で、以下のようにRCIを計算します。

$$RCI = \left[1 - \frac{6 \times 8}{5 \times (5^2 - 1)} \right] \times 100(\%) = 60(\%)$$

●表3.1　RCIの計算手順の例

日付	株価	日付の順位A	株価の順位B	$(A-B)^2$
1日	520	5	3	$(5-3)^2 = 4$
2日	500	4	5	$(4-5)^2 = 1$
3日	510	3	4	$(3-4)^2 = 1$
4日	540	2	1	$(2-1)^2 = 1$
5日	530	1	2	$(1-2)^2 = 1$
合　計				8

RCIの性質と見方

RCIの値は、－100%～＋100%の間を動きます。株価が上昇を続ければ＋100%に近づき、下落を続ければ－100%に近づきます。

ここまで紹介したオシレータ系指標は、株価の動きに逐一反応して動き、値の上下動が激しくなっていました。移動平均線など、トレンド系の指標は計算期間を長くすると動きが滑らかになりましたが、オシレータ系指標は計算期間を変えても通常は滑らかにはなりません。

それに対し、RCIは動きが比較的滑らかになるという特徴があります。また、計算期間を長くするほど、滑らかな動きをします。ただ、計算期間を長くすると、RCIの動きは株価からやや遅れる傾向も出ます。このように、RCIはオシレー

●図3.18　日本ガイシの日足と9日／15日RCI

チャート提供：TradingView（https://jp.tradingview.com）

タ系指標でありながら、トレンド系指標の性質も持っています。

　図3.18は、**日本ガイシ（5333）**の2022年8月〜2023年3月の日足チャートに、9日RCI（黒い線）と15日RCI（青い線）を追加したものです。9日RCIよりも15日RCIの方が、動きが滑らかになっていることがわかります。ただ、15日RCIは9日RCIに比べ、株価から遅れる傾向があることもわかります。

RCIの向きが変わるたびに売買する

　RCIは、株価の動きに沿って滑らかに上下しますので、RCIが底打ちして上がり始めたら買い、下がり始めたら売る、というようにして、売買タイミングを判断することが考えられます（図3.19）。また、RCIが下がり始めたら空売りし、RCIが上がり始めたら買い戻す、という方法も考えられます。

▶売買タイミングの判断例

　図3.20は、**東洋水産（2875）**の2021年8月〜2022年7月の日足チャートに、50日RCIを追加したものです。RCIの向きが変わるたびに売買するものとして、売買タイミングを図に入れています。

●図3.19　RCIの向きが変わるたびに売買する

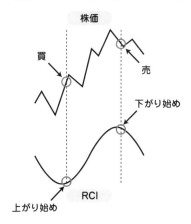

●図3.20　RCIの向きが変わるたびに売買する例（東洋水産の日足）

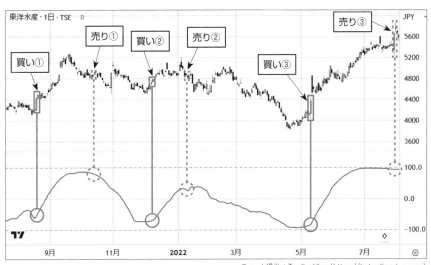

チャート提供：TradingView（https://jp.tradingview.com）

　買い①→売り①や買い③→売り③のように、比較的大きな利益になっているところもあります。ただ、買い②の後のように、株価が保ち合いになるとRCIも横ばいに推移し、ダマシになってしまうこともあります。

　売り①は高値からだいぶ下がってから売ることになっています。RCIは株価

の動きからやや遅れますので、これは仕方のない面がありますが、このあたりの調整が難しいところです。

　また、図の売りタイミングで空売りし、買いタイミングで買い戻す場合、売り①→買い②など機会が2回あります。売り②→買い③は利益が出ていますが、売り①→買い②は若干の利益で、ややダマシ気味になっています。

RCIの範囲を見て売買する

　RCIでのもう1つの売買タイミングの読み方として、RCIが底打ちしてすぐに買うのではなく、－90％や－80％を超えてから買う、というような方法が考えられます。このようにすると、株価のトレンドがある程度はっきりしてから買うことになります。売るときも同様で、天井を打ってから売るのではなく、80％や90％を超えたら早めに売る、ということが考えられます。

　空売りする場合は上記の逆で、RCIが天井を打って90％や80％を切ったら空売りし、－80％や－90％を下回ったら買い戻すようにします（図3.21）。

　ただ、RCIが－80％や－90％を上回った後、株価があまり上昇せずに終わり、RCIも頭打ちになって80％や90％を超える前に下がることもあります。その場合は、RCIが下がりだした時点で売ります（図3.22）。空売りの場合も同様で、RCIがあまり下がらずに反転したら、その時点で買い戻します。

●図3.21　RCIの範囲を見て売買する　　　　●図3.22　RCIが上がりきらなかったら、反転した時点で売る

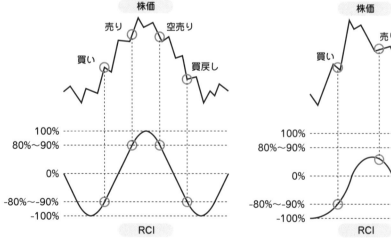

◆売買タイミングの判断例

図3.23は、**トーヨーカネツ (6369)** の2022年3月〜2023年1月の日足チャートに、30日RCIを入れたものです。以下のような条件で、売買のポイントを示しました。

①RCIが底から上昇して、−80%を上回ったら買い、80%を上回ったら売る

②RCIが天井から下落して、80%を下回ったら空売りし、−80%を下回ったら買い戻す

③①の買いの後、RCIが80%を上回らずに下がりだしたら売る

④②の空売りの後、RCIが−80%を下回らずに上がりだしたら買い戻す

図中の売買ポイントを見ると、底と天井からは若干遅れがあり、また「買い③→売り③」のように、ダマシも見られます。しかし、「買い①→売り①」「買い④→売り④」「空売り②→買戻し②」の部分など、うまくいっている箇所では利益を得られています。この結果を見た限りでは、RCIの範囲を見て売買タイミングを決める方法は、それなりには使えそうです。

ただ、株価が急激に動いた後で保ち合い気味に推移するとRCIが株価から遅れ、買戻しのタイミングが遅れるなど、サインがうまく出ないこともあります。

●図3.23 RCIの範囲を見て売買する例 (トーヨーカネツの日足)

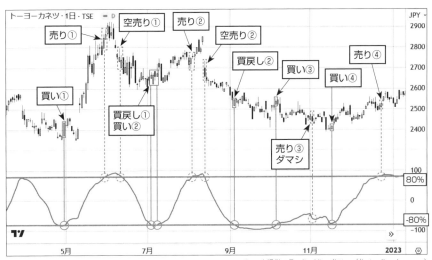

チャート提供：TradingView (https://jp.tradingview.com)

％Rオシレータ

計算期間内の株価の位置で行きすぎを判断する

　％Rオシレータは、著名なトレーダーであるラリー・ウィリアムス氏によって開発された指標です。「ラリー・ウィリアムスの％R」とも呼ばれます。

％Rオシレータの計算方法

　％Rオシレータは、ある期間内の最高値と最安値の間で、現在の株価がどのあたりの水準に位置しているかを表す指標です。計算方法は以下の通りです。計算期間（式内の「n」）は、20日間を取るのが一般的です。

$$％Rオシレーター＝\frac{n日間の最高値－当日の終値}{n日間の最高値－n日間の最安値}×100(\%)$$

　例えば、図3.24のように、過去20日間の最高値が500円、最安値が400円で、当日の終値が470円の場合、％Rオシレータは以下の通りで30％となります。

$$％Rオシレーター＝\frac{500円－470円}{500円－400円}×100＝30(\%)$$

●図3.24　％Rオシレータの考え方

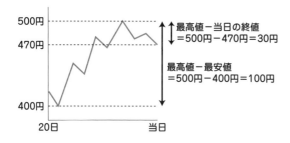

％Rオシレータの見方

　％Rオシレータの値は、0％～100％の値を取ります。株価が上昇傾向のときは、％Rオシレータは0％近くで振動します。一方、株価が下落傾向のとき

は、％Ｒオシレータは100％近くで振動します。また、株価が保ち合いになると、％Ｒオシレータの値は激しく上下します。

ただ、これでは株価の動く向きと％Ｒオシレータの動く向きが逆になりますので、グラフ化するときに縦軸の向きを逆にしたり、あるいは％Ｒオシレータの値に−1を掛けたりすることもあります。

％Ｒオシレータは、株価の上昇が続く間は、0％〜50％の付近で振動しやすくなります。一方、株価が下落傾向の間は、50％〜100％付近に張り付いて振動することが多くなります（図3.25）。

そこで、％Ｒオシレータの値がそれまで振動していた範囲から離れたときに、売買すると良いと考えられます。

●図3.25　％Ｒオシレータの見方

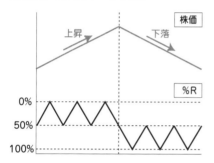

▶％Ｒオシレータを使った売買タイミングの判断例

次ページの図3.26は、**ソフトバンクＧ（9984）** の2022年9月〜2023年8月の日足チャートに、50日％Ｒオシレータのグラフを追加したものです。このチャートでは、％Ｒオシレータが0％〜−100％の値を取って表示されていますので、それに沿って説明します。

図中の「**上昇トレンド**」は、株価が上昇トレンドになっている時期です。この間は、％Ｒオシレータの値が−50％のラインよりおおむね下にあり、0％に近い位置で動いています。また、「**下落トレンド**」の部分は下落トレンドの時期で、その間は％Ｒオシレータが−50％のラインよりおおむね上にあり、−100％に近い位置で動いています。

これらの時期では、％Ｒオシレータに沿って売買を行うことで、利益を上げることができています。○が買い売りのポイントですが、％Ｒオシレータが株

価の動くトレンドをうまく表すこともあり、「買い①→売り①」や「買い③→売り③」は大きな利益になっています。

　ただ、図中の「買い②→売り②」のように、短期間で株価の動きが変わると、％Ｒオシレータが追従しきれなくてダマシになることもあります。また、株価が狭いレンジで動くと、％Ｒオシレータが－50％のラインを頻繁にクロスすることもあります（2022年11月〜12月頃）。

　このように、株価の動きにトレンドがある時期は、％Ｒオシレータは売買の判断に役立ちそうです。一方、動きがはっきりしない時期では、ダマシが出やすくなる傾向があります。

●図3.26　ソフトバンクＧの2022年8月〜2023年の日足

チャート提供：TradingView（https://jp.tradingview.com）

ストキャスティクス

%K／%D／Slow%Dの3つを組み合わせる

ストキャスティクスも、オシレータ系の指標の中では比較的よく使われているものです。3種類の指標を組み合わせて、売買タイミングを判断します。

ストキャスティクスの計算方法

ストキャスティクスは、ジョージ・レーンという人が開発した指標です。「%K」「%D」「Slow%D」の3種類の指標があり、それらを組み合わせて売買タイミングを判断するところが、他のオシレータ系指標と異なる点です。

%K／%D／Slow%Dは、それぞれ以下のように計算します。式中のnは計算期間で、5日／9日／14日などを使うのが一般的です。週足の場合も、9週や14週などを使うと良いでしょう。

$$\%K = \frac{当日の終値-n日間の最安値}{n日間の最高値-n日間の最安値} \times 100 (\%)$$

$$\%D = \frac{(当日の終値-n日間の最安値)の直近3日間の合計}{(n日間の最高値-n日間の最安値)の直近3日間の合計} \times 100 (\%)$$

Slow%D＝%Dの3日間移動平均　※週足の場合は3週間移動平均

▶ストキャスティクスの計算例

次ページの表3.2は、ストキャスティクスの計算手順の例です。計算期間は5日にしています。

まず、5日目の%Kを求めてみます。表より、直近5日間の最高値は、5日の456円です。一方、最安値は1日の426円です。そして、当日の終値は450円です。これらから、%Kは以下の式で求められます。

$$5日目の\%K = \frac{5日目の終値-5日間の最安値}{5日間の最高値-5日間の最安値} \times 100$$

$$= \frac{450-426}{456-426} \times 100 = 80 (\%)$$

日	高値	安値	終値	最高値	最安値	終値－最安値	最高値－最安値	%K	終値－最安値の3日間合計	最高値－最安値の3日間合計	%D
1	442	426	441								
2	443	426	429								
3	444	436	443								
4	442	436	440								
5	456	445	450	456	426	24	30	80.00%			
6	450	441	444	456	426	18	30	60.00%			
7	446	438	439	456	436	3	20	15.00%	45	80	56.25%
8	444	436	439	456	436	3	20	15.00%	24	70	34.29%
9	450	442	449	456	436	13	20	65.00%	19	60	31.67%

　次に、7日目の%Dを求めてみます。表より、7日目の直近3日間の（終値－最安値）の合計は、24円＋18円＋3円＝45円です。一方、（最高値－最安値）の合計は、30円＋30円＋20円＝80円です。したがって、%Dは以下の式で求められます。

$$7日目の\%D = \frac{（当日の終値-5日間の最安値）の直近3日間の合計}{（5日間の最高値-5日間の最安値）の直近3日間の合計} \times 100$$

$$= \frac{24+18+3}{30+30+20} \times 100 = 56.25(\%)$$

　最後に、9日目のSlow%Dを求めてみましょう。これは、直近3日間の%Dの平均なので、以下のように計算できます。

　　9日目のSlow%D＝（56.25％＋34.29％＋31.67％）÷3＝40.73％

ストキャスティクスの見方

　ストキャスティクスには3つの指標がありますが、%Kは日々の株価の動きをストレートに反映して、細かく振動します。一方、%Dは3日間の合計を取ることから、動きは幾分滑らかになります。また、Slow%Dは移動平均なので、さらに滑らかになります。（図3.27）

　ストキャスティクスを使って売買タイミングを判断する方法は、以下のようにいくつかあります。

●図3.27 ％Ｋ／％Ｄ／Slow％Ｄの例（ビックカメラの日足）

チャート提供：TradingView（https://jp.tradingview.com）

◉ストキャスティクスの値で判断する

　％Ｋ／％Ｄ／Slow％Ｄともに、0％〜100％の間の値を取ります。株価が上昇すると％Ｋなどの値も上昇し、株価が下落すると％Ｋなどの値も下落します。そして、株価が極端な値をつけると、％Ｋ等も極端な値をつける傾向があります。

　そこで、％Ｋ等の値が極端に高い値をつけた時点で売ったり、逆に極端に低い値をつけた時点で買ったりすることが考えられます。

　ただ、株価上昇（下落）がしばらく続く状況になると、％Ｋ等の値が100％（0％）近辺に張り付くこともあります。そのため、％Ｋ等が極端な値をつけたということだけで判断すると、ダマシが多くなりがちです。

　上昇トレンド時の押し目や、下落トレンド時の戻りを判断する場合は、この方法でも比較的うまくいく傾向があります。そのようなときに限定して使うと良さそうです。

◉ファスト・ストキャスティクス

　ファスト・ストキャスティクス（fast stochastics）は、％Ｋと％Ｄの2本の線を使って売買タイミングを判断する手法です。％Ｋが％Ｄを下から上に抜いたら買い、上から下に抜いたら売りとします（図3.28）。

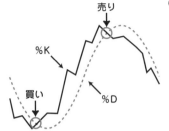

●図3.28　ファスト・ストキャスティクスで
売買タイミングを判断する

ただ、%Kは細かく振動するため、株価が保ち合いの動きになると%Kと%
Dが頻繁にクロスし、ダマシが多くなります。この方法での判断もやや難しい
ものです。

◆スロー・ストキャスティクス

ファスト・ストキャスティクスに対して、スロー・ストキャスティクス（slow
stochastics）という方法もあります。これは、%DとSlow%Dを組み合わせ
て売買タイミングを判断するものです。%DがSlow%Dを下から上に抜いたら
買い、上から下に抜いたら売りとします。

◆指標の値の範囲を限定する

上記の方法で単純に売買タイミングを判断すると、ダマシが多くなってしまう
傾向があります。そこで、指標の値の範囲を限定して売買タイミングを判定し、
ダマシを減らすことが考えられます。

例えば、スロー・ストキャスティクスで判断する場合、%DとSlow%Dの値
が30%以下や20%以下でクロスしたときだけ買い、70%以上や80%以上で
クロスしたときだけ売る、というような方法が考えられます。また、買った後で%
DとSlow%Dの値があまり上がらずに、%DがSlow%Dを再度下にクロスして
しまった場合は、安全のためにそこで手仕舞うことも考えられます。

ストキャスティクスを使った売買タイミングの判断例

JFEホールディングス（5411）の2022年1月～7月の日足チャートを使い、14
日%Dと14日Slow%Dで判断します。判断基準は以下のようにします。

①20%以下の範囲で、%DがSlow%Dを下から上に抜いたら、空売りした株は

買い戻し、それと同時に新規に買う

②80%以上の範囲で、%DがSlow%Dを上から下に抜いたら、買っていた株は売り、それと同時に新規に空売りする

③買った後で株価があまり上がらず、%DがSlow%Dを上から下に抜いたら、その時点で売る

④空売りした後で株価があまり下がらず、%DがSlow%Dを下から上に抜いたら、その時点で買い戻す

　この基準に沿って売買タイミングを見ると、図3.29のようになりました。「買い①→売り①」や、「空売り④→買戻し④」「空売り⑥→買戻し⑥」のように、比較的短期間でそれなりの値幅を取れているところもあります。

　ただ、ダマシも結構あり、例えば「空売り②→買戻し②」「空売り⑤→買戻し⑤」や、「買い③→売り③」がダマシになっています。

　単純にストキャスティクスだけで判断せずに、株価のトレンドを見たり、指標の勢いを見ることも必要です。例えば「空売り③→買戻し③」では、%DがSlow%Dを下から上に抜いたのは20%より少し上でしたが、株価の底打ちを見て「買戻し」としています。

●図3.29　ストキャスティクスを使った判断例（JFE HDの日足）

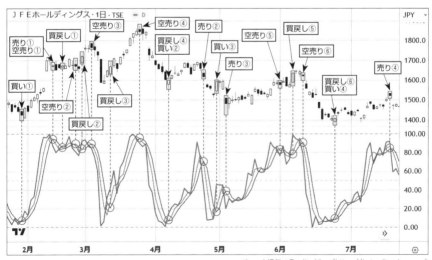

MACD

信頼性が高くタイミングが取りやすい

　MACDはオシレータ系の指標ですが、トレンド系指標の性質も兼ね備えていて、信頼性が高いと言われています。

MACDの仕組みと計算方法

　MACDは「moving average convergence/divergence」の略で、日本語では「移動平均拡散収束トレーディング法」などと呼ばれます。「移動平均」という言葉が入っていますが、通常の移動平均ではなく、指数平滑移動平均（第2章の82ページを参照）を使うところが特徴です。

　MACDは、長短2つの期間の指数平滑移動平均を求め、短期のものから長期のものを引いた値になります（図3.30）。

　長短2つの期間の取り方はいろいろですが、5日／20日や12日／26日の組み合わせなどがよく使われているようです。ただ、計算期間が短すぎると、ダマシが多くなります。一方、長くしすぎると株価から動きが遅れてしまいますので、適度な期間を選びます。

●図3.30　短期指数平滑移動平均と長期指数平滑移動平均の差がMACD

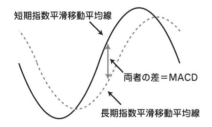

短期指数平滑移動平均線

両者の差＝MACD

長期指数平滑移動平均線

MACDとシグナルで売買タイミングを判断する

　MACDで売買タイミングを判断するには、シグナルを組み合わせるのが一般的です。シグナルとは、MACDを移動平均するか、もしくは指数平滑平均した

ものです。

平均期間は9日にするのが一般的です。短すぎると売買回数が増えてダマシも多くなり、長すぎると売買タイミングが遅れますから、適当なところを選ぶ必要があります。

MACDがシグナルを下から上に抜いたら買い、上から下に抜いたら売り、というようにタイミングを判断します（図3.31）。

●図3.31　MACDとシグナルのクロスで売買タイミングを判断する

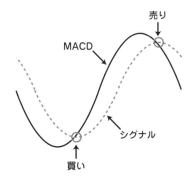

● MACDを使った売買タイミングの判断例

次ページの図3.32は、**レゾナック・ホールディングス（4004）**の2023年1月～9月の日足チャートで、MACDとシグナルを使って売買タイミングを判断する例です。

指数平滑平均の計算期間は、短期を12日、長期を26日にしています。また、シグナルはMACDの9日移動平均にしています。そして、上で述べたように、MACDがシグナルとクロスするたびに売買するものとしています。

この図を見ると、買いから売りまでが7回あります（「買い①→売り①」から「買い⑦」→「売り⑦」）。そのうち、「買い②→売り②」「買い③→売り③」「買い⑤→売り⑤」「買い⑥→売り⑥」は失敗していますが、残り3回は成功しています。特に「買い①→売り①」は2か月ほど、「買い⑦→売り⑦」は1か月で、それぞれ約6％の利益を得られています。

また、「売り」のポイントで空売りし、「買い」のポイントで買い戻すとすると、この図の範囲では6回の売買があります。（「売り①→買い②」から「売り⑥→買い⑦」）。こちらを見ると、空売りの方は全体的にうまくいっていません。

なお、この銘柄のこの時期ではトータルで利益が出ていますが、MACDが合わない銘柄や時期もあります。株価が頻繁に上下する銘柄だと、MACDとシグナルが頻繁にクロスして、ダマシが多くなります（この図では4月～5月など）。

　ただ、売買のタイミングを調節することで、より利益が得られるところもあります。例えば、「売り①」→「買い②」では、MACDとシグナルがクロスするまで待たずに、MACDが上がりだした時点で買い戻していれば、10%程度の利益になっています。このように、「MACDがクロスする」という条件だけでなく、その手前でのMACDとシグナルの向きや、「利益が○○%得られた」などの条件も追加すると良い場合もあります。

●図3.32　MACDとシグナルを使った判断例（レゾナックHDの日足）

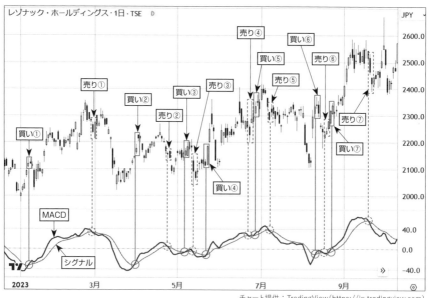

チャート提供：TradingView（https://jp.tradingview.com）

DMI

株価のトレンドと勢いの強さを表す

　DMI（directional movement index）はオシレータ系の指標ですが、株価のトレンドを見るために使うことが多いものです。

DMIの計算方法と手順

　DMIは、計算の手順がやや複雑です。TR（true range）／＋DM／－DM／＋DI／－DI／DX／ADX／ADXRの各指標から構成されます。

▶TR（true range）の計算

　まず「TR」（true range）を求めます。これは、以下の3つの中で最も大きな値です。

　①当日の高値－前日の終値
　②前日の終値－当日の安値
　③当日の高値－当日の安値

　図3.33は、TRを求める例です。図中の①～③は、上の①～③のそれぞれの式に対応しています。この例の場合だと③が最も大きいので、それがTRになります。

●図3.33　TRを求める例

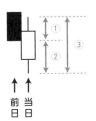

▶＋DM／－DMの計算

　＋DMと－DMは、それぞれプラス方向／マイナス方向への値幅を表します。当日の高値／安値と前日の高値／安値を比較して求めます。ただし、株価の動き方によって、次ページの表3.3の4種類の計算方法があります。

▶＋DI／－DIの計算

　＋DIと－DIは、ある期間の株価の動きのうち、プラス方向／マイナス方向の割合を表すものです。それぞれ以下のように計算します。なお、計算期間は14日にするのが一般的です。

●表3.3 ＋DM／－DMの計算手順

条件	株価の動きの例	＋DM	－DM
（当H－前H）＞（前L－当L）	当H－前H／前L－当L	当H－前H	0
（当H－前H）＜（前L－当L）	当H－前H／前L－当L	0	前L－当L
（当H－前H）＝（前L－当L）	当H－前H／両者が同じ／前L－当L	0	0
（当H＜前H）かつ（前L＜当L）	当H＜前H／前L＜当L	0	0

※当H＝当日の高値、前H＝前日の高値、当L＝当日の安値、前L＝前日の安値

$$+DI = \frac{計算期間内の＋DMの合計}{計算期間内のTRの合計}$$

$$-DI = \frac{計算期間内の－DMの合計}{計算期間内のTRの合計}$$

　株価が上昇傾向なら、＋DIは－DIより大きくなります。逆に、株価が下落傾向なら、＋DIは－DIより小さくなります。

● DX／ADX／ADXRの計算

　DXは、＋DIと－DIがどの程度離れているかを表す指標で、以下のように計算します。式の分子の両端にある「｜｜」は「絶対値」という意味で、計算結果がマイナスなら、そのマイナスを取ってプラスにすることを意味します。

$$DX = \frac{｜(＋DI)－(－DI)｜}{(＋DI)＋(－DI)}$$

　ADXは、DXを移動平均したものです。平均期間は14日が一般的です。また、

ADXRはADXを移動平均するか、あるいは現在のADXと一定期間前のADXの2つを平均したものです。これも平均期間は14日が一般的です。

ADX／ADXRともに0%〜100%の範囲を取ります。株価の動きが上昇／下落どちらかのトレンドになると、ADXやADXRは値が高くなっていきます。一方、トレンドがはっきりしない状態になると、ADXやADXRは値が低くなっていきます。

＋DIと－DIのクロスで売買タイミングを判断する

＋DIと－DIの位置関係で、売買タイミングを判断する方法があります。＋DIが－DIを下から上に抜いたら買い、上から下に抜いたら売りとします（図3.34）。

＋DIが－DIを上に抜いたということは、プラス方向の株価の動きがマイナス方向を上回ったことを意味しますので、買いとなるわけです。逆に＋DIが－DIを下に抜いたなら、マイナス方向の力が強いことを意味しますので、売りとなります。

ただ、単純にこの方法で売買すると、ダマシが多くなるという欠点があります。また、株価の動きが保ち合いになると、＋DIと－DIが頻繁にクロスして、何度も売買することになるという欠点もあります。

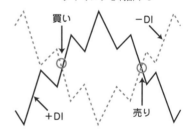

●図3.34　＋DIと－DIのクロスで売買タイミングを判断する

●売買タイミングの判断例

次ページの図3.35は、川崎汽船（9107）の2023年5月〜10月の日足チャートに、＋DIと－DIを追加したものです。

図の①の部分（2023年6月中旬〜9月末頃）のように、トレンドがはっきりしている箇所では、＋DIと－DIがしばらくの間クロスしないか、クロスしてもすぐに逆方向に再度クロスして、ダマシはあまり発生しません。①の部分では、50%を超える利益を得ることができています。

一方、②の部分（2023年5月上旬〜6月上旬頃）のように、株価が狭いレンジで上下すると、＋DIと－DIが頻繁にクロスし、ダマシがかなり発生してしまいます。

●図3.35　＋DIと－DIのクロスで判断する例（川崎汽船の日足）

チャート提供：TradingView（https://jp.tradingview.com）

ADXも組み合わせて判断する

　トレンドがはっきりしないときは、ADXの値は低くなっています。しかし、トレンドがはっきりしてくると、ADXの値は上昇してきます。そして、トレンドが終わるとADXの値は下がり始めます。この性質を利用して、以下のようにして売買タイミングを取ることが考えられます。

・判断方法①

　＋DIが－DIを下から上に抜いた後、ADXが－DIを下から上に抜いたら、買いとします（図3.36）。＋DIが－DIを上に抜いたということは、プラスの力が大きくなっていることを意味します。さらに、ADXが－DIを下から上に抜いたということは、上昇トレンドがはっきりしてきたことを意味します。これらを組み合わせて、買いと判断するわけです。

・判断方法②

　①の逆に、＋DIが－DIを上から下に抜いた後、ADXが＋DIを下から上に抜いた場合は、売りとします（図3.37）。

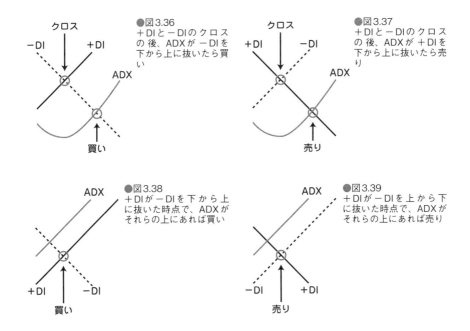

●図3.36
＋DIと－DIのクロスの後、ADXが－DIを下から上に抜いたら買い

●図3.37
＋DIと－DIのクロスの後、ADXが＋DIを下から上に抜いたら売り

●図3.38
＋DIが－DIを下から上に抜いた時点で、ADXがそれらの上にあれば買い

●図3.39
＋DIが－DIを上から下に抜いた時点で、ADXがそれらの上にあれば売り

・**判断方法③**

　＋DIが－DIを下から上に抜いた時点で、ADXが＋DI／－DIの上にあって上向きなら、すでに上昇トレンドがはっきりしていることを意味しますので、その時点で買いとします（図3.38）。

・**判断方法④**

　③の逆に、＋DIが－DIを上から下に抜いた時点で、ADXが＋DI／－DIの上にあって上向きなら、売りとします（図3.39）。

・**判断方法⑤**

　すでに買いまたは空売りを行っている場合、ADXが下向きに変わったら、そのポジションを閉じます。ADXが下向きになったということは、トレンドが終わっていずれ保ち合いになることを意味しますので、ポジションを閉じておくわけです。

・**判断方法⑥**

　すでに買いまたは空売りを行っている場合、＋DIと－DIが反対方向にクロスしたら、そのポジションを閉じます。

●ADXを組み合わせて判断する例

図3.40は、**東京海上ホールディングス (8766)** の2021年11月〜2022年6月の日足チャートに、＋DI／−DI／ADXを入れて、前述の方法で売買タイミングを判断したものです。「買い」や「売り」の□の中に「(判断①)」などと入っていますが、これは前述の判断方法のどれを使ったかを表しています。

この期間の売買回数は2回で、「買い→売り」が2回だけ出ています。

2回とも成功していて、利益が得られています。また、＋DIと−DIのクロスだけで判断すると、他にもいくつかの売買ポイントがありますが、ADXを加えたことでダマシが減っています。

もっとも、＋DI／−DI／ADXを組み合わせて売買タイミングを判断することは、結構面倒で売買回数が減ることもおわかりいただけると思います。習熟するまでにはそれなりの時間がかかるかもしれません。

●図3.40　＋DI／−DI／ADXで判断する例（東京海上HDの日足）

チャート提供：TradingView（https://jp.tradingview.com）

chapter3-**12**

コポック買い指標

中期売買向けのオシレータ指標

　コポック買い指標は、主に月足をベースにして計算する指標で、中期的な株価の上下で儲けるのに役立つ指標です。

コポック買い指標の求め方

　コポック買い指標はE・S・コポック氏が開発した指標で、ROCを改良したようなものです。基本的には月足をベースにして計算します。

　まず、それぞれの月で1か月間の平均株価を求め、それが前年の同じ月からどの程度上下したかを求めます。この値を「**対前年騰落率**」と呼びます。次に、一定期間の対前年騰落率を平均して、コポック買い指標を求めます。ただ、単純に平均せずに「加重平均」という平均を取ります。これは、現在に近い値はより重みをつけて平均する方法です。

　通常は、10か月間の対前年騰落率を加重平均します。式で表すと以下の通りです。

コポック買い指数

$$= \frac{1}{10} \times \left[\begin{array}{l} 1 \times 9 \text{か月前の対前年騰落率} + 2 \times 8 \text{か月前の対前年騰落率} + \\ \cdots + 9 \times 1 \text{か月前の対前年騰落率} + 10 \times \text{今月の対前年騰落率} \end{array} \right]$$

　次ページの表3.4は、コポック買い指標を計算する例です。まず、月ごとに平均株価を求め、各月の対前年騰落率を求めます。例えば、ちょっと古いですが、2010年1月の場合、2009年1月に対する騰落率を求めます。2009年1月／2010年1月の平均株価はそれぞれ641.16円／558.32円なので、以下のように求められます。

$$2010 \text{年1月の対前年騰落率} = \frac{558.32 \text{円} - 641.16 \text{円}}{641.16 \text{円}} \times 100 = -12.92\%$$

　同様の手順で各月の対前年騰落率が求められたら、その10か月間加重平均を取って、コポック買い指標を求めます。例えば、2010年10月のコポック買い指標は、以下のように計算されます（表3.4）。

●表3.4　コポック買い指標の計算手順

年	月	平均株価	対前年騰落率	コポック買い指標
2009年	1月	641.16		
	2月	655.79		
	3月	824.25		
	4月	838.71		
	5月	910.24		
	6月	831.40		
	7月	757.43		
	8月	614.55		
	9月	613.11		
	10月	575.23		
	11月	509.25		
	12月	521.05		
2010年	1月	558.32	-12.92%	
	2月	606.47	-7.52%	
	3月	537.65	-34.77%	
	4月	461.05	-45.03%	
	5月	504.29	-44.60%	
	6月	626.38	-24.66%	
	7月	723.55	-4.47%	
	8月	729.19	18.66%	
	9月	803.60	31.07%	
	10月	827.91	43.93%	15.35%
	11月	715.22	40.45%	63.83%
	12月	685.71	31.60%	98.12%

2010年10月のコポック買い指標

$$= \frac{1}{10} \times [(-12.92\%) \times 1 + (-7.52\%) \times 2 + \cdots + 31.07\% \times 9 + 43.93\% \times 10]$$

$$= 15.35\%$$

コポック買い指標の見方

　コポック買い指標はROCと似ていますが、過去の対前年騰落率を計算に組み込むことで、過去の株価の動きも反映したものになっています。しかも、加重平均で計算していますので、「直近の株価の動きほど、今後に影響を与える」という見方も入っています。

コポック買い指標での売買タイミングの判断方法は単純で、指標の動きが上向きになったら買い、下向きになったら売りです。

特に、指標の値が0%以下のときに上向きになった場合は、0%を超えるまで株価が上昇することが多いと言われ、強い買いとされています。

長期的な波のある銘柄には有効

月足の株価の動きに2～3年程度の長め周期がある銘柄では、比較的有効に売買タイミングが出る傾向があります。

図3.41は、2003年から2018年半ばまでの日経平均株価の月足にコポック買い指標を追加したものです。コポック買い指標が0%以下で上向きになったら買い、その後下向きに変わったら売るものとして、売買タイミングを図示しました。

この期間に、買い①→売りが6回ありました。買い①→売り①や買い⑤→売り⑤では大きな利益を得ることができています。また、買い③→売り③と買い④→売り④の2回は失敗していますが、成功したときの利益と比べると、小幅な損失で済んでいます。

●図3.41　コポック買い指標で判断する例（日経平均株価の2003年～2018年半ばまでの月足）

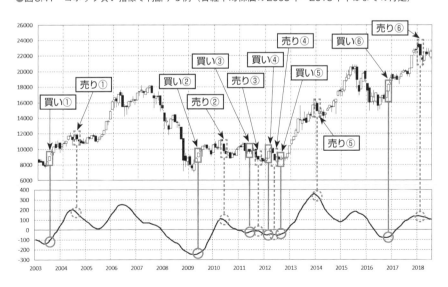

週足ベースの計算にも使えそう

コポック買い指標は通常は月足で見ますが、計算方法をアレンジし、週足ベースで計算して中期的な傾向を見るのに使うことも考えられます。1年程度の周期で株価がはっきりと上下する銘柄なら、比較的有効に売買タイミングが出る傾向があります。

図3.42は、J.フロント リテイリング（3086）の2014年3月～2018年7月の週足チャートに、コポック買い指標を追加した例です。コポック買い指標の計算方法は、「対13週前騰落率を、13週間加重平均する」というものにしています。

図中の「買い①」→「売り①」や「買い②」→「売り②」のように、長期間にわたって株価が上昇を続けている箇所では、大きな利益を得ることができています。「買い①」→「売り①」では約50％の利益になっています。

一方、図中のAの部分のように、狭いレンジで株価が上下すると、コポック買い指標がマイナス圏で上下し、ダマシが発生することがあります。

●図3.42 週足ベースでコポック買い指標を計算した例（J.フロント リテイリングの週足）

チャート提供：ゴールデン・チャート社

chapter3-13  ボラティリティ

株価や値動きの率の変動の大きさで判断する

株価の動き方は、穏やかになったり激しくなったりします。株価の動きの大きさを表す指標として、「ボラティリティ」というものがあります。

ボラティリティの概要

ボラティリティ（volatility）は、日本語にすると「変動性」といった意味の言葉です。株式などの投資の世界では、「価格の変動の度合い」を表す用語として使われます。例えば、「ボラティリティが高い銘柄」と言えば、株価の変動が大きい銘柄のことを指します。

株価を元に計算して、ボラティリティを数値化することもできます。計算の仕方はいろいろ考えられますが、その中から「**標準偏差ボラティリティ**」「**ヒストリカルボラティリティ**」を紹介します。

▶標準偏差ボラティリティ

第2章の94ページで、「ボリンジャーバンド」という指標を紹介しました。ボリンジャーバンドは、株価の動きの大きさを「標準偏差（σ）」で表し、移動平均線に標準偏差を加減した値を求めて、それを折れ線グラフ化したものでした。標準偏差ボラティリティも、この「標準偏差」を使った指標です。計算方法は以下のようになります。

$$標準偏差ボラティリティ＝\frac{標準偏差（\sigma）}{移動平均}\times100（\%）$$

例えば、ある日の移動平均が500円で、標準偏差が25円の場合だと、標準偏差ボラティリティは以下のように求められます。

$$標準偏差ボラティリティ＝\frac{25円}{500円}\times100（\%）＝5\%$$

●ヒストリカルボラティリティ（HV）

　もう1つよく使われているボラティリティとして、「ヒストリカルボラティリティ」があります。英語で書くと「Historical Volatility」で、「HV」と略して呼ぶこともあります。

　ヒストリカルボラティリティは、値上がり（値下がり）率の変動を表す指標です。デリバティブの1つに「**オプション取引**」というものがありますが、オプションの理論的な値段を計算する際に、ヒストリカルボラティリティが使われます。

　ヒストリカルボラティリティを求めるには、まずある1日（週／月）の株価変動率を求めます。今日（週／月）の株価をV(t)、昨日（週／月）の株価をV(t-1)と表すと、株価変動率は以下のような式で表します。なお、「log」は「自然対数」という計算を行うことを意味します。

$$株価変動率 = \log \frac{V(t)}{V(t-1)}$$

　次に、一定期間の株価変動率から、それらの標準偏差を求めます。これが、1日あたりのヒストリカルボラティリティになります。「一定期間」の取り方はいろいろ考えられますが、25日や30日などが良く使われているようです。

　また、ヒストリカルボラティリティは、通常は年率に換算した値を使います。これは、以下のような計算で求められます。「年間の営業日の日数」には、250や260といった値を使うことが一般的です。

$$年換算HV = \sqrt{年間の営業日の日数 \times 1日あたりのHV} \times 100\,(\%)$$

　標準偏差ボラティリティは、株価の変動の大きさを表します。そのため、計算期間の間に株価が1円でも動けば、標準偏差ボラティリティは0より大きな値になります。

　一方、ヒストリカルボラティリティは値上がり（値下がり）率の変動の大きさを表します。値動きがあっても、値上がり（値下がり）率が一定であれば（例えば、毎日1%ずつ株価が上がる）、ヒストリカルボラティリティは0になります。

　もっとも、ある程度長い期間を取れば、値動きの率が一定になることは通常ありません。したがって、ヒストリカルボラティリティが0になることも、まずありません。

ボラティリティの傾向

　ボラティリティ（株価や値動きの変動）は、大きくなったり小さくなったりします。ただ、変動が無限に大きくなることはあり得ません。

　株価の動きが激しくなってくると、ボラティリティも大きくなります。しかし、そのような状態はいつまでも続かず、やがては株価の動きは穏やかに戻り、ボラティリティも小さくなっていきます。

　逆に、ボラティリティが小さい状態も、そう長くは続きません。どこかで株価の変動が大きくなりだして、ボラティリティも大きくなり始めます。このようなことから、ボラティリティはある程度の範囲で上下する傾向が出ます。

●図3.43　トヨタ自動車と標準偏差ボラティリティ／ヒストリカルボラティリティの比較

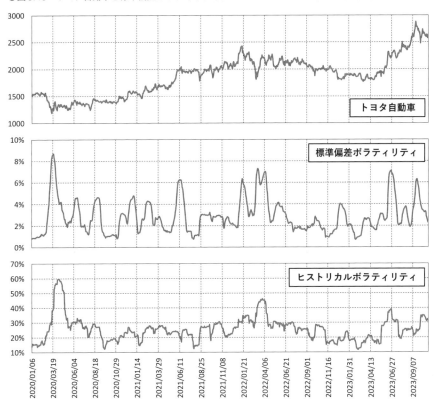

前ページの図3.43は、**トヨタ自動車（7203）**の2020年1月〜2023年10月の動きと、標準偏差ボラティリティ／ヒストリカルボラティリティを比較したものです。移動平均や標準偏差の計算期間は25日にしています。また、ヒストリカルボラティリティの「年間の営業日の日数」は250日にしています。

　トヨタ自動車と標準偏差ボラティリティを比較してみると、株価が急騰／急落した箇所で、標準偏差ボラティリティも大きくなっている傾向があることがわかります。例えば、2020年3月には株価が急落していますが、標準偏差ボラティリティも一気に1%弱から8%強まで跳ね上がっています。

　一方、ヒストリカルボラティリティの動きを見ると、標準偏差ボラティリティよりゆっくりと上下している傾向が見えます。ただ、長い目で見ると、標準偏差ボラティリティが高めの時期には、ヒストリカルボラティリティも高めになっている傾向があります。

ボラティリティの使い方

　ボラティリティはオシレータ系指標的な動きをしますが、他のオシレータ指標と違って、売買のサインを明確に出すものではありません。

　ただ、ボラティリティが高い時期は、株価の動きが激しく、短期で大きな利益が得られる可能性がある一方、大きな損失を受ける可能性もあると言えます。逆に、ボラティリティが低い時期は、利益も損失もあまり出にくいと考えられます。

　短期でアクティブに取引したい人には、ボラティリティが高い時期の方が魅力があると言えるでしょう。一方、手堅くいきたい人には、ボラティリティがあまり高くない時期の方が良さそうです。

　ちなみに、2008年9月〜10月にかけてのリーマンショックの頃には、株価が暴落したために、ボラティリティが異常なまでに高い値を示していました。

　例えば、日経平均株価の標準偏差ボラティリティ（週足で計算期間は13週）を調べてみると、過去15年ほどは、おおむね2〜8%程度で上下していました。しかし、リーマンショックの頃には、ピーク時で標準偏差ボラティリティが20%近くに達しました。

逆行現象

株価と指標が逆に動いたときがポイント

　オシレータ系指標全般の特徴として、「逆行現象」があります。逆行現象は、売買タイミングを考える上で重要なポイントです。

逆行現象とは

　オシレータ系指標は株価の動きに逐一反応しますので、株価の上下に沿って指標の値も上下します。

　ただ、株価の上昇／下落の勢いが弱ってくると、株価は上昇（下落）しているのに、オシレータ系指標はそれほど上昇（下落）しないということが起こります。このような現象のことを、「**逆行現象**」と呼びます（図3.44）。

　株価が上昇しても、その勢いが弱いということは、買いと売りが徐々に交錯し始めていると考えられます。そのため、売りの力がさらに強まれば、上昇が止まって下落に転じることになります。つまり、株価上昇時に逆行現象が見られたら、そろそろ株価上昇が終わるのではないか、と予想することができるわけです。株価下落時の逆行現象も同様で、それは株価が底打ちすることを示唆していると考えることができます。

●図3.44　逆行現象

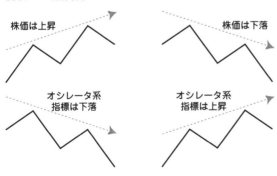

株価は上昇

株価は下落

オシレータ系
指標は下落

オシレータ系
指標は上昇

逆行現象の例

それでは、逆行現象の例を見てみることにしましょう。

まず、図3.45を見てみましょう。これは、**野村ホールディングス（8604）**の2020年8月〜2021年1月の日足チャートに、14日RSIを入れたものです。2020年9月下旬〜10月にかけても株価が下落トレンドになっていますが、RSIは9月下旬に底打ちして上昇気味に変わり、逆行現象が起こっています。その後、株価も上昇に転じています。

次に、図3.46を見てみましょう。これは、**ANAホールディングス（9202）**の2022年7月〜2023年1月の日足チャートに、14日RSIを入れたものです。株価は11月上旬にピークをつけていますが、RSIはそれより前の10月上旬にピークをつけていて、逆行現象が起こっています。

このように、逆行現象が起こったら、その後は株価のトレンドが変わることがあります。売買タイミングを考える上で、株価のトレンドは重要な要素ですので、逆行現象も分析の際に併用すると良いでしょう。

●図3.45　底付近での逆行現象の例（野村HDの日足）

チャート提供：TradingView（https://jp.tradingview.com）

●図3.46　天井付近での逆行現象の例（ANA HDの日足）

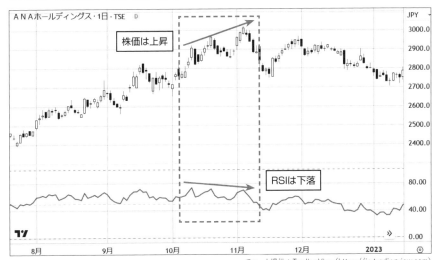

ＡＮＡホールディングス・1日・TSE　D

株価は上昇

RSIは下落

8月　9月　10月　11月　12月　2023

チャート提供：TradingView（https://jp.tradingview.com）

CHAPTER4

出来高系の
テクニカル指標を
使いこなす

トレンド系指標／オシレータ系指標とも、株価を元にさまざまな計算をして求めるものでした。その一方で、出来高を基に計算する指標もあります。そこで第4章では、出来高系の指標をいくつか紹介します。

chapter4-1 出来高系指標の特徴

まず、出来高系指標の特徴を大まかに見ておきましょう。

トレンド系／オシレータ系指標を補完する

　トレンド系指標やオシレータ系指標を使えば、株価の動きをいろいろと分析することができます。ただ、株価はさほど動かないにもかかわらず、出来高だけが先に動いたりすることもあり、株価だけでは分析しきれないことも出てきます。そのようなときに、出来高系指標を組み合わせて、トレンド系／オシレータ系指標を補完することで、より確実な分析を行うことができます。

　もっとも、テクニカル分析の主力はやはり株価を対象にしたものです。そのため、出来高系指標だけで売買タイミングを判断することは、通常はありません。

種類はそれほど多くはない

　出来高系の指標の種類は、それほど多くありません。本書では、ボリュームレシオ（図4.1）など、主な出来高系指標を紹介します。

●図4.1　出来高系指標の例（株価とボリュームレシオの関係）

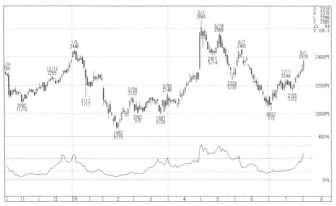

チャート提供　ゴールデン・チャート社

chapter4-2

ランク ★☆☆

出来高移動平均線

出来高のトレンドで天井・底を判断する

出来高移動平均線は、名前の通り、出来高の移動平均線です。

出来高移動平均線の描き方

株価のトレンドを見るための指標として移動平均線がありましたが、それと似た指標として、「出来高移動平均線」があります。

計算方法も、株価の移動平均線の場合と同様で、直近の出来高を平均して求めます。平均期間は5日／10日／25日／40日などを使うことが多いようです。また、週足で13週や26週を使うこともあります。

出来高移動平均線で出来高のトレンドを見る

出来高移動平均線は、出来高を平均してそのトレンドを見るのに役立ちます。通常、株価が上昇トレンドになると出来高も増え、下落トレンドになると減りますので、株価と出来高移動平均線は似たような動きをします。

ただ、出来高は株価に先行することもあります。株価が下がっているのに出来高移動平均が上がりだしていれば、株価が底打ちする兆しと考えられます。逆に、株価が下がり始める前に出来高移動平均が下がりだしていれば、株価が天井をつけた可能性があると考えられます（図4.2）。

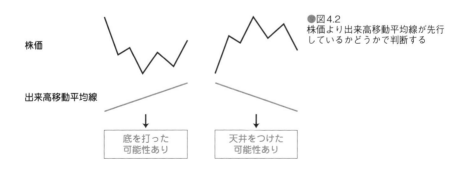

●図4.2
株価より出来高移動平均線が先行しているかどうかで判断する

株価

出来高移動平均線

↓ 底を打った可能性あり

↓ 天井をつけた可能性あり

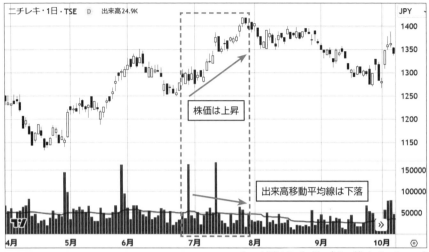

株価は上昇

出来高移動平均線は下落

チャート提供：TradingView（https://jp.tradingview.com）

　図4.3は、ニチレキ（5011）の2022年4月〜10月の日足チャートに、出来高と出来高移動平均線を入れたものです。移動平均する期間は25日にしています。

　図中の枠で囲んだ部分を見ると、株価は天井付近で上昇していますが、出来高移動平均線は下落気味で、出来高も伸び悩んでいます。その後株価は天井を打って下落トレンドに変わっていて、出来高が株価に先行して天井を打ったことがわかります。

出来高の急落から天井を判断する

　株価が天井をつけるときには、出来高も急増することがよくあります。その結果、出来高が出来高移動平均線から大きく上にはみ出します。しかし、天井をすぎると出来高が急に減り、株価も下がりやすくなります。そうなると、出来高が出来高移動平均線を下に大きく割り込むことになります（図4.4）。

　そこで、上記のような状況が起こっていたら、株価が天井をつけたと判断して、とりあえず持ち株は売るということが考えられます。もっとも、その天井は目先のものでしかないこともあり、その場合は儲け損ねることになってしまいます。

　図4.5は、オービック（4684）の2022年8月〜12月の日足チャートに、出来

高と25日出来高移動平均線を入れたものです。

　図中の四角で囲んだ時期に、株価が急騰して出来高も急増し、その後出来高が急激に減って、出来高移動平均線を割り込んでいます。出来高が減るとともに株価も下がっています。また、株価のピークをすぎると出来高が大きく減少しています。

●図4.4　株価が急騰する前後の株価と出来高／出来高平均移動線の関係

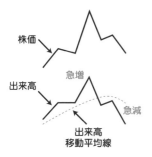

●図4.5　出来高の急落から天井を判断する例（オービックの日足）

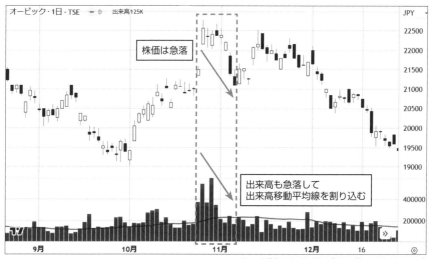

チャート提供：TradingView（https://jp.tradingview.com）

chapter4-3 出来高加重移動平均線

出来高の大小を考慮した移動平均線

移動平均線の一種として、出来高を加味した「出来高加重移動平均線」という指標もあります。

出来高加重移動平均線の求め方

通常の移動平均線は、直近の株価を単純に平均した値です。ただ、その計算方法だと、出来高を全く無視することになります。そこで、個々の日（週／月）で出来高を考慮した「出来高加重移動平均」を求め、それらを線で結ぶこともあります。この線のことを、「**出来高加重移動平均線**」と呼びます。

直近n日間の出来高加重移動平均は、以下のようにして求めます。

①過去n日間のそれぞれの日で、株価と出来高を掛け算した値を求めます。

②過去n日間の①の値を合計します。

③②の値を、過去n日間の出来高の合計で割り算します。

例えば、ある銘柄の株価と出来高が表4.1のように動いた場合、この5日間の出来高移動平均は、35,831,928 ÷ 123,844 = 289.3円になります。

なお、出来高加重移動平均線のことを、「コスト移動平均線」とも呼びます。

●表4.1　株価と出来高の動きの例足

日付	株価（円）	出来高（千株）	株価×出来高
2023年8月1日	280	23,169	6,487,320
2023年8月2日	284	17,194	4,883,096
2023年8月3日	285	16,958	4,833,030
2023年8月4日	290	18,407	5,338,030
2023年8月7日	297	48,116	14,290,452
合計		123,844	35,831,928

出来高加重移動平均線の特徴

出来高加重移動平均線は、出来高が安定して動いている時期には、通常の

移動平均線とほぼ同じ動きをします。ただ、出来高が一時的に急変すると、その影響を受けて、通常の移動平均線より大きく動きます。

図4.6は、Gunosy（6047）の2022年3月〜7月の日足チャートに、通常の移動平均線（グレー線）と出来高加重移動平均線（青線）を入れた例です。平均期間は25日にしています。

図中の①の部分では、株価が急騰して買いが増えたために、出来高も増えています。高い株価での出来高が多くなったために、出来高加重移動平均線が通常の移動平均線より大きく上に移動しています。

一方、図中の②の部分では、株価が急落して売りが増えたために、出来高も急増しています。それまでは出来高加重移動平均線が通常の移動平均線の上にありましたが、安い株価での出来高が多くなったために、出来高加重移動平均線が通常の移動平均線よりも下に移動しています。

●図4.6 通常の移動平均線と出来高移動平均線との比較（Gunosyの日足）

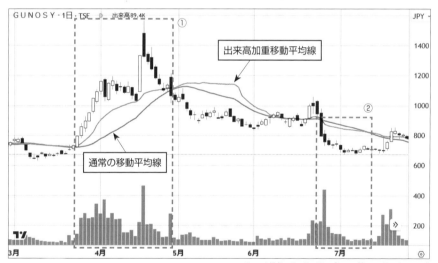

チャート提供：TradingView（https://jp.tradingview.com）

価格帯別出来高

価格帯から株価が動く際の節目を見る

価格帯別出来高は、株価の水準ごとに出来高をグラフ化したものです。

価格帯別出来高の計算方法

価格帯別出来高は、株価を一定の値幅ごとに区切って、その間で成立した出来高を集計してグラフ化したものです。図4.7は、**日本化学工業（4092）**の2022年10月～2023年6月の日足に、価格帯別出来高を追加した例です。この図のように、株価の水準ごとに横棒グラフにして表します。

●図4.7　価格帯別出来高の例（日本化学工業の日足）

チャート提供：TradingView
(https://jp.tradingview.com)

価格帯別出来高の見方

価格帯によって、出来高の多い少ないには差があります。出来高の多い価格帯は取引が活発に行われたことになりますが、そのような価格帯は株価が動く上で節目になりやすい傾向があります。

例えば、ここ数年の価格帯別出来高を見たところ、500円付近で出来高が多くなっていたとします。そして、株価が下から500円付近まで上がってきたとしましょう。すると、以前に500円付近で買っていた多くの人が、「やっと含み

損が解消できる」と考えて、売りに回ることが多くなります。そのため、500円あたりが再度高値になることがあるわけです。一方、出来高の少ない価格帯は、比較的株価が動きやすくなると考えられます。つまり、出来高が少ない価格帯は、株価が急騰したり、急落したりしやすいことになります。

●価格帯別出来高を使った売買タイミングの判断例

　図4.8は、**日本郵船（9101）**の2022年5月〜2023年8月中旬の日足チャートに、価格帯別出来高の合計を追加した例です。価格帯別出来高の幅は約40円刻みになっています。このチャートの範囲で見ると、3,000円〜3,250円付近の価格帯の出来高が非常に多くなっており、3,000円は下値支持線にほぼ一致しています。3,250円のラインを超えると次第に出来高が少なくなっており、再度出来高が増えるのは3,600円付近で、ここも上値抵抗線（3,650円付近）と近くなっています。このチャートの右端では、株価は3,250円付近で上昇気味です。このラインを抜けて上昇を続けると、3,600円手前まで出来高は少なくなり、短期間で株価が上昇する可能性があります。しかし、3,600円台まで上がると出来高が多い価格帯に再度突入しますので、売買が交錯しやすくなり、頭打ちになる展開も予想されます。

　価格帯別出来高は、このように節目の価格ラインと合わせて見ていきます。

●図4.8　価格帯別出来高の例（日本郵船の日足）

チャート提供：TradingView（https://jp.tradingview.com）

chapter4-5 ボリュームレシオ

RSIを組み合わせて使うことが多い

ボリュームレシオは、出来高系指標の中では最もポピュラーで、比較的よく使われているものです。

ボリュームレシオの計算方法

ボリュームレシオは、計算期間の中で株価が上昇した日の出来高と下落した日の出来高を比較して、株価の動きを判断するというものです。

ここでは、便宜上それらを「VR1」「VR2」と呼ぶことにします。これらの計算方法は、以下のようになります。計算期間は25日などがよく使われます。

$$VR1 = \frac{U + S \div 2}{D + S \div 2} \times 100(\%)$$

$$VR2 = \frac{U + S \div 2}{U + D + S} \times 100(\%)$$

※U：計算期間内で株価が上昇した日の出来高の合計
D：計算期間内で株価が下落した日の出来高の合計
S：計算期間内で株価が変わらなかった日の出来高の合計

VR1は、株価上昇時の出来高と株価下落時の出来高の比率を表します。また、VR2は、株価上昇時の出来高が計算期間全体の出来高に占める割合を表します。株価が変化しなかった場合は、上昇／下落に出来高を半分ずつ分けるものとしています（図4.9／図4.10）。

●図4.9　VR1の意味

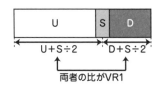

●図4.10　VR2の意味

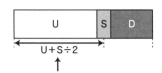

例えば、計算期間内で、株価が上昇した日の出来高の合計が95万株、下落した日の出来高が45万株、変わらなかった日の出来高が10万株だとすると、VR1／VR2は、それぞれ以下のように求められます。

$$VR1 = \frac{95 + 10 \div 2}{45 + 10 \div 2} \times 100 = 200(\%)$$

$$VR2 = \frac{95 + 10 \div 2}{95 + 45 + 10} \times 100 = 66.7(\%)$$

ワコーボリュームレシオ

また、「ワコーボリュームレシオ」というものもあります（以後「WVR」と略）。和光証券（現在のみずほ証券）が開発したもので、以下のような式で求めます。

$$WVR = \frac{U - D - S}{U + D + S} \times 100(\%)$$

例えば、前ページの例のように出来高が推移した場合、WVRの値は以下のように計算できます。

$$WVR = \frac{95 - 45 - 10}{95 + 45 + 10} \times 100 = 26.7(\%)$$

ただし、Sが0の場合（株価が前日と同じになる日がない場合）、WVRはVR2と波の形が全く同じになります。一般的な銘柄では、SはUやDに比べると小さいので、WVRとVR2の動きはかなり似たものになることが多いです。

ボリュームレシオの見方

ボリュームレシオは、いずれも株価が上昇すると値が大きくなり、株価が下落すると値が小さくなります。ただ、値の取りうる範囲や、売買の目安となる値は、それぞれで異なります（表4.2）。

VR1は値の最小値は0％ですが、最大値は無限大なのが難点です。株価が

●表4.2　ボリュームレシオの値の取りうる範囲と売買の目安

	取りうる範囲	買いの目安	売りの目安
VR1	0%〜無限大	70%以下	450%以上
VR2	0%〜100%	30%以下	70%以上
WVR	−100%〜100%	−40%以下	40%以上

何日も連続して上昇し、かつ出来高も多いと、1,000％や2,000％になることも十分にあります。特に、東証グロースの銘柄のように株価が一方向に動きやすい銘柄では、数千％といった極端な値が出ることもあります。

図4.11は、シャープ（6753）の2022年6月～12月の日足とVR1／VR2／WVRの動きの例です。

●図4.11　株価とボリュームレシオの関係の例（シャープの日足）

ボリュームレシオとRSIを組み合わせる

ボリュームレシオはRSIと組み合わせて使うことがよくあります。RSIとボリュームレシオがともに極端な値をつけていれば、天井や底である可能性が高いと判断します。また、RSIより先にボリュームレシオがピークをつけた場合、株価は伸びているのに出来高が伸び悩んでいることを表します。これも天井を示唆する動きです。

●ボリュームレシオとRSIを組み合わせた売買タイミングの判断例

図4.12は、**Casa（7196）**の2022年6月〜12月上旬の日足チャートに、14日RSI／14日VR2を追加したものです。RSIとVR2はおおむね似たような動きをしています。

①のように、株価の目先の天井と、RSI／VR2の目先の天井がほぼ一致することもあります。

ただ、VRには出来高が加味されますので、動きがやや異なるところもあります。例えば、図中の②では、VR2は株価とともに下落していますが、RSIは上昇気味になっていて、逆行現象のような動きになっています。

●図4.12　ボリュームレシオとRSIを組み合わせた判断例（Casaの日足）

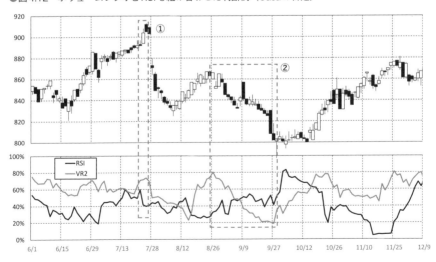

chapter4-6

MFI

株価と出来高の両方を組み込んだ指標

　MFI（マネー・フロー・インデックス）は株価と出来高の両方から計算する指標で、お金の流れを指標化したものです。RSIと計算方法が似ていますが、株価と出来高の両者の動きが表れるのが特徴です。

MFIの計算手順

　MFIでは、「平均株価」「マネーフロー（MF）」「ポジティブマネーフロー（PMF）」「ネガティブマネーフロー（NMF）」を順に求め、それらからMFIを求めます。

　まず、日々の「平均株価」を計算します。平均株価とは、高値／安値／終値の平均（これら3つの値を足して3で割ったもの）のことです。

　次に、MFを計算します。MFは、平均株価と出来高を掛け合わせた値です。これは、その銘柄の1日（週足なら1週間、月足なら1か月間）の売買代金にほぼ近い値になります。

　日々の平均株価とMFを求めたら、平均株価が前日より上がった日と下がったか同じだった日に分けて、一定期間のMFの値を合計します。株価が前日より上がった日のMFを合計したものが、PMFになります。PMFは、株価が上昇した日の売買代金（概算）を合計したものですので、株価を上げたお金の流れと考えられます。逆に、下がったか同じだった日の合計がNMFで、これは株価を下げたお金の流れと考えられます。合計する期間は14日にするのが一般的です。

　PMFとNMFが求められたら、以下の式でMFIを計算します。

$$MFI = \frac{PMF}{PMF + NMF} \times 100(\%)$$

　表4.3は、MFIの計算例です。平均株価とMFの列には、前述の手順で計算した値が入っています。また、PMFとNMFは直近5日間の合計になっています。

●表4.3　MFIの計算例

	高値	安値	終値	出来高	平均株価	前日比	MF	PMF	NMF	MFI
1月4日	805	795	802	6407	800.67		5129871.3			
1月5日	850	819	846	43645	838.33	↑	36589058.3			
1月6日	872	840	860	32347	857.33	↑	27732161.3			
1月10日	868	843	845	18842	852.00	↓	16053384.00			
1月11日	844	819	840	14539	834.33	↓	12130372.3			
1月12日	874	847	858	19308	859.67	↑	16598444.00	80919663.7	28183756.3	74.17%

●図4.13　TradingViewでMFIを表示した例（極洋の日足）

チャート提供：TradingView（https://jp.tradingview.com）

　なお、MFIはテクニカル分析ツールの「TradingView」や「株の達人」、松井証券の「ネットストック・スマート」などで見ることができます（図4.13）。

MFIの見方

　MFIは0％〜100％の間の値を取ります。計算期間の間で株価が上昇を続けると、NMFが0になりますので、MFIの値は100％になります。一方、計算期間の間で株価が下落を続けると、PMFが0になりますので、MFIの値は0％になります。計算期間がよほど短くない限りは、株価が上昇や下落を続けることはありませんので、MFIの値が0％や100％になることはまずありません。

基本的な見方は、MFIが20%以下まで下がったら売られすぎで買いのサインとし、逆にMFIが80%以上まで下がったら買われすぎで売りのサインとします。

❯ MFIを使った売買タイミングの判断例

図4.14は、**商船三井（9104）**の2022年4月中旬～2023年1月中旬の日足チャートに、14日MFIを加えたものです。

①は株価が目先の底をつけたポイントです。MFIも20%まで下がって底を打っています。一方、②は株価が目先の天井をつけたポイントで、MFIも80%を超えて天井をつけています。

しかしその直後の③は、株価がまだ上昇傾向が続いているのに対し、MFIは先行して下がり始めていて、逆行現象が起こっています。その後の株価の動きは下落に転じていて、逆行現象が天井を示唆した形になっています。

ただ、④のように、MFIが低い（高い）値に張り付いてしまい、売買の判断に使いづらくなることもあります。

●図4.14　MFIを使った売買タイミングの判断例（商船三井の日足）

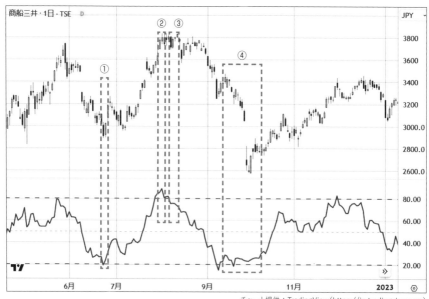

チャート提供：TradingView（https://jp.tradingview.com）

信用取引の残高と倍率

空買い・空売りの勢力から株価の動向を読む

　信用残や信用倍率など、信用取引の残高に関する指標も、出来高から株価の動向を考える上でよく使われている指標です。

信用残・証金残とは

　現金で株を買う取引方法（現物取引）の他に、お金を借りて株を買ったり（空買い）、借りた株を売ったりする取引方法（空売り）もあり、信用取引と呼びます。

　信用買い残・売り残は、信用取引による買い／売りがどの程度あるかを表す値です。信用取引で買われた後、決済の売りが行われていない残高を、買い残と呼びます。一方、信用取引で空売りされた後、決済の買戻しが行われていない残高が、売り残です。両者を合わせて「**信用残**」と呼びます。

　また、信用取引ではお金や株を貸し借りしますが、その融通を行う会社として、日本証券金融などの証券金融会社があります。証券会社が自社でお金や株を手当てすることもありますが、証券金融会社が使われることもあります。

　信用残のうち、日本証券金融がお金や株を融通した残高を「**日証金残**」と呼びます。また、証金残のうち、空買いの残高を融資残と呼び、空売りの残高を貸株残と呼びます。

　信用残（買い残／売り残）は、出来高と一緒に表示するのが一般的です。出来高は縦棒グラフにしますが、買い残／売り残は折れ線グラフで表します。

　次ページの図4.15は、**横浜ゴム（5101）**の2021年5月〜2022年12月の週足チャートに、信用買い残・売り残を入れた例です。出来高のグラフとともに折れ線が見えますが、実線が買い残、点線が売り残を表します。買い残・売り残は出来高よりかなり少なく、そのままだと見にくいので、図4.15では10倍に拡大して表示しています。

　なお、信用残のデータは、証券取引所から公表されています。通常は週に1回ですが、信用取引が極端に行われている銘柄については、毎日公表される場合もあります（そのような銘柄を「日々公表銘柄」と呼びます）。一方、証金

●図4.15　信用買い残／売り残が入った株価チャート（横浜ゴムの週足）

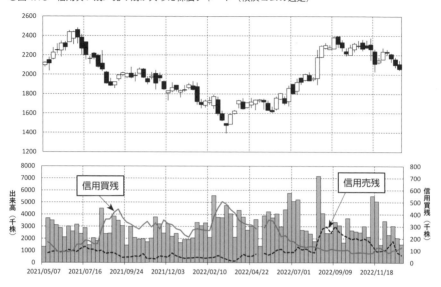

残は証券金融会社から毎日公表されています。

信用買い残・売り残の見方

　信用取引には、「制度信用取引」と「一般信用取引」があります（209ペー
ジ参照）。制度信用取引では、決済までの期間が最長6か月と決まっています。

　また、制度／一般のどちらの信用取引でも、決済までの期間が長くなるほど
手数料等のコストが増えます。そのため、信用取引は通常は比較的短期の売
買に使われます。その結果、信用買い残・売り残の動向は、近い将来の株価
の動きに影響を与えます。

　株価が安いときに信用買い残が増えた場合、「この株は今後上がる」と思っ
ている人が多いことを表しますので、買いの兆候と考えられます。

　しかし、株価がかなり上がってから信用買い残が増えた場合、高値で買っ
た人が多いことを表し、近い将来の売りにつながりやすいのです。そのような
状況になっていたら、売ることを考えた方が良いでしょう。特に、買い残が大
きく増えた後で株価が下落した場合、株価が戻ると「今のうちに売っておかな
いと損をする」と考える人の売りが出やすくなります。

　一方、株価が高いときに信用売り残が増えた場合は、「この株は下がる」と

考えている人が多いことを表しますので、売りの兆候です。しかし、株価がかなり下がってから売り残が増えた場合は、そのあたりで株価が底打ちすることがあります。

▶信用残と売買タイミングの判断例

　図4.16は**協和キリン（4151）**の2020年7月～2022年12月の週足チャートと出来高に、信用買い残・売り残を入れたものです。なお、買い残・売り残は2倍に拡大して大きく表示してあります。

　図中の①の部分では、株価が底から順調に上昇しています。この部分を見ると、買い残が大きく減る一方、売り残が増えています。信用で買っていた人が、値上がりを見て売って利益を確定して、買い残が減ったものと思われます。一方、株価が上がるのを見て、「そろそろ下がるだろう」という思惑から空売りをする人が増え、売り残が増えたものと思われます。

　一方、図中の②は、①とは逆の理由で、株価が下落するにつれて買い残が増え、売り残が減っています。

　また、信用買いの増加は、その後の売りにつながると考えられます。例えば、

●図4.16　信用残と売買タイミングの判断例（協和キリンの週足）

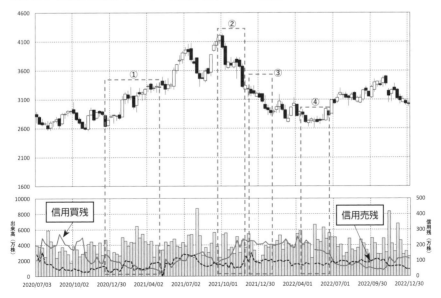

図中の③では買い残が高水準で推移していて、それらがいずれは売りに転じます。図中の④で株価が伸び悩んでいるのは、③の買い残による影響もあると考えられます。

倍率と取り組み

信用残を見る際には、信用倍率も見ておくと良いでしょう。「**信用倍率**」とは、買い残を売り残で割った値です。買いが強いと信用倍率は1倍を超え、売りが強いと1倍を下回ります。また、融資残を証金残で割った「**貸借倍率**」という指標もあります。

信用倍率や貸借倍率が1倍近辺の場合、買いと売りが拮抗していることになりますが、そのような状態を取り組みが良い（または「好取組」）と呼びます。特に、買い残と売り残が増えながら株価が順調に上昇している場合、買い／売りどちらかに勢力が傾くと、その方向に株価が大きく動くことが多くなります。このようなことから、取り組みが良い銘柄は注目されます。

例えば、取り組みが良い状態で買いの勢力が強まると、空売りしていた人は

●図4.17　信用倍率が0.9倍以上1.1倍以下の銘柄を検索した例（松井証券）

出所：松井証券（https://www.matsui.co.jp）

損失が拡大するため、空売りを決済して買い戻すことを余儀なくされます。これを「踏み上げ」と呼びますが、踏み上げが起こると株価がさらに上がりやすくなります。

　一方、信用倍率が極端に大きい（または小さい）状態を、取り組みが悪いと呼びます。信用倍率が極端に大きいということは、買い残が売り残を大幅に上回っていることを意味します。これは将来の売り圧力になりやすいので、そのような状態の銘柄は買うべきではありません。

　なお、信用倍率が1倍近辺の銘柄は、ネット証券などのスクリーニングのサービスを利用すれば簡単に検索することができます。例えば、信用倍率が0.9倍以上1.1倍以下の銘柄を検索するような方法が考えられます（図4.17）。

COLUMN

制度信用取引と一般信用取引

　206ページで述べたように、信用取引には「制度信用取引」と「一般信用取引」の2種類があります。

　制度信用取引は、証券取引所の規則によって制度が決められているものです。制度信用取引では、前述したように決済までの期間は6か月です。

　一方の一般信用取引は、証券会社と投資家との間で、取引の条件等を自由に設定することができる信用取引です。決済までの期間を無期限にすることもできます（もっとも、決済までの間には金利等のコストがかかりますので、実質的には無期限にするのは難しいですが）。

　最近では、多くのネット証券が制度信用取引と一般信用取引の両方を扱うようになっています。

chapter4-8 OBV

出来高から資金の流れを捉えてタイミングを判断する

OBV（オン・バランス・ボリューム）は、「グランビルの法則」で有名なジョセフ・グランビル氏によって開発された指標です。

OBVの計算方法

OBVの求め方は非常にシンプルです。株価が上昇したら、前日のOBVに当日の出来高をプラスします。逆に、株価が下落したら、前日のOBVから当日の出来高をマイナスします。株価が変化しなかったら、OBVは前日の値をそのまま使います。なお、計算初日はその日の出来高をそのままOBVとします。

表4.4はOBVの計算例です。初日の3月5日は、その日の出来高の506,000をそのままOBVとします。8日は前日より株価が値上がりしていますので、前日のOBVの506,000に当日の出来高の571,000を足して、1,077,000がOBVとなります。9日も値上がりしていますので、同様に計算します。

10日は値下がりなので、前日（9日）のOBVの1,929,000から当日の出来高の290,000を引いて1,639,000となります。また、11日は前日と株価が変わっていないので、前日のOBVがそのまま当日のOBVになります。

●表4.4　OBVの計算例

日付	株価	上昇／下落	出来高（株）	OBV
2023/3/ 5	363		506,000	506,000
2023/3/ 8	372	△	571,000	1,077,000
2023/3/ 9	381	△	852,000	1,929,000
2023/3/10	375	▼	290,000	1,639,000
2023/3/11	375	－	184,000	1,639,000
2023/3/12	374	▼	207,000	1,432,000

OBVの見方

株価が上昇トレンドになると、OBVも上昇トレンドになることが多くなります。一方、株価が下落トレンドになると、OBVも下落トレンドになりやすくなります。逆に言えば、OBVが上昇トレンドを続けている間は株価も上昇が続きやすい

と判断し、OBVが下落トレンドなら株価も下落しやすいと判断します。そして、OBVのトレンドが変わったら、株価のトレンドも変わりやすくなります。

　また、OBVのトレンドがはっきりしないことを、「**疑わしい状態**」と呼びます。この場合は、しばらくOBVの状態を見て、上下どちらのトレンドになるかで売買を考えます。なお、OBVの値の大小には特に意味はありません。上で述べたように、OBVのトレンドが重要です。

◉OBVを使った売買タイミングの判断例

　図4.18は、**アマダ（6113）**の2022年8月〜2023年1月の日足チャートとOBVの関係を示したものです。OBVは5日移動平均線で表示しています。これを見ると、株価の上下のトレンドとOBVの上下のトレンドが、ほぼ一致していることがわかります。

　ただ、2022年10月5日〜27日のあたりや、12月21日〜翌2023年1月4日のあたりにかけて、OBVは横ばい気味に推移し、株価も保ち合いに推移していて、「**疑わしい状態**」になっています。しかし、その後にOBVは上昇し、株価も上昇しています。

　このように、OBVが疑わしい状態になったら、その状況が終わるのを待って、その後のトレンドに乗るようにします。

●図4.18　OBVでの判断の例（アマダの日足）

チャート提供：TradingView（https://jp.tradingview.com）

CHAPTER5

市場全体に関する
指標を使いこなす

これまでに取り上げてきた指標は、個別銘柄に関するものでした。しかし、市場全体に関する指標や、市場と個別銘柄との関係を表す指標も使うことがあります。第5章ではそれらの指標を解説します。

市場全体に関する指標の概要

　まず、市場全体に関する指標の概要についてお話しします。

　個別銘柄の株価は、その銘柄独自の事情だけで上下するわけではありません。株式市場全体からも影響を受けます。例えば、景気が好調であれば株式市場が全体的に上昇し、個別銘柄も大半は上昇することになります。

　したがって、個別銘柄の分析を行うだけでは、不十分となることも考えられます。そこで、市場全体の動向を分析したり、市場と個別銘柄との関連を調べたりすることが必要になります。

全体関連指標の種類

　全体関連指標は、大きく分けると以下の2つに分類されます。

　　①市場全体の動向を表す指標

　　②市場全体と個別銘柄の関係を表す指標

　①に分類される指標としては、騰落レシオ、NT倍率、新高値／新安値銘柄数、信用取引評価損率などがあげられます（図5.1）。一方、②に分類される指標には、レシオケータなどがあります。

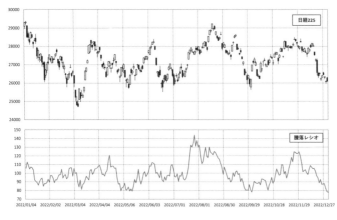

●図5.1
騰落レシオの例

chapter5-2 騰落レシオ

値上がり／値下がり銘柄の割合で市場の加熱度を見る

騰落レシオは、株式市場全体が過熱／閑散しているかどうかを、大まかに判断するために使われる指標です。

騰落レシオの計算方法

株式市場全体が好調になると、値上がりする銘柄が多くなります。一方、全体が不調になると、値下がり銘柄が増えます。そこで、値上がり／値下がりの銘柄数から、市場全体の傾向を見ることが考えられました。「騰落レシオ」は、そのために使う指標です。

騰落レシオの求め方は、以下のようになっています。計算期間は25日にするのが一般的です。計算する対象の市場は、通常は東証プライムです。

$$騰落レシオ = \frac{計算期間内の値上がり銘柄数の合計}{計算期間内の値下がり銘柄数の合計} \times 100(\%)$$

例えば、仮に東証プライムの25日間の値上がり銘柄数が20,000、値下がり銘柄数が16,000の場合、騰落レシオは以下のように125%となります。

$$騰落レシオ = \frac{20,000}{16,000} \times 100 = 125(\%)$$

騰落レシオの見方

計算期間内で、値上がり銘柄と値下がり銘柄の数が同じなら、騰落レシオは100%になります。そして、値上がり銘柄が多ければ100%を超え、値下がり銘柄が多ければ100%を下回ります。一般には、騰落レシオが70%あたりまで下がると底値圏、120%を超えると天井圏と言われています。

次ページの図5.2は、2022年2月〜2023年1月で、日経平均株価と騰落レシオを比較したものです。これを見ると、日経平均株価の目先の底と天井が、騰落レシオの底と天井に比較的一致していることがわかります。特に、底についてはよく連動している傾向が見られます。

●図5.2　日経平均株価と騰落レシオの比較

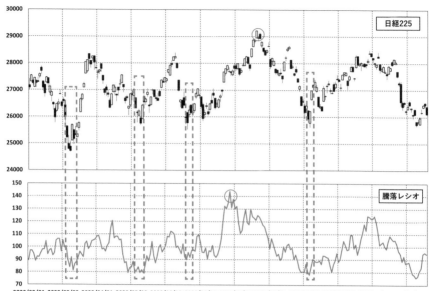

　　ただ、2022年7月から8月にかけて日経平均株価が上昇した局面では、騰
落レシオの天井の方が先になっていて、両者はあまり連動していません。この
ように、騰落レシオでの判断が難しくなる場合もあります。

▶騰落レシオは目安程度にしておく

　　図5.2の例のように、日経平均株価と騰落レシオの動きがほぼ一致すること
もありますが、そうでないこともあります。騰落レシオがあまり下がらないうち
に底値になったり、あまり上がらないうちに天井になったりすることもあります
ので、目安程度に見ておくと良いでしょう。

　　例えば、かつてのネットバブルの頃（1999年〜2000年頃）は、ハイテク関
連銘柄だけが買われ、その他の大半の銘柄は売られたために、日経平均株価
は上昇し、騰落レシオは下落する、という状況になったこともあります。

NT倍率

日経平均株価とTOPIXの動きの差を見る

NT倍率は、日経平均株価とTOPIXの関係を表す指標です。

NT倍率の計算方法

　日本を代表する株式市場は、現在は「東証プライム市場」ですが、市場全体の動きを表す指標として、日経平均株価とTOPIX（東証株価指数）がよく使われています。

　日経平均株価とTOPIXは計算方法が違いますし、また計算対象の銘柄も違いますので、値は同じになりません。これらの動きを比較する指標として、「NT倍率」があります。以下の式で求められます。

$$NT倍率＝\frac{日経平均株価}{TOPIX}$$

NT倍率の動き

　日経平均株価とTOPIXは、動きの形はよく似ていて、ここ数年はNT倍率は14倍台で推移しています。ただ、日経平均株価は値嵩株（株価の高い銘柄）やハイテク株の影響が強いのに対し、TOPIXは大型株（時価総額の大きい銘柄）の影響が強いです。そのため、NT倍率の動きを見ることで、どのような銘柄が主に売買されているかが大まかにわかります。

　次ページの図5.3は、2020年1月〜2022年12月の日経平均株価／TOPIX／NT倍率を比較したものです。

　2020年3月から2021年3月にかけて、**新型コロナウイルス禍**でいったん急落した後の回復局面で、日経平均株価とTOPIXがともに上昇しています。その中で、NT倍率も上昇しています。これは、日経平均株価の方がTOPIXよりも上昇が大きく、相対的にパフォーマンスが良かったことを意味し、値嵩株に

買いが偏っていたと思われれる状況です。

　一方、2021年4月以降は、日経平均株価／TOPIXともに上下しつつ徐々に下落していますが、NT倍率も下落しています。これは、日経平均株価の方がTOPIXよりも下落していたことを意味し、値嵩株の下落が大きかったと思われます。

　このように、売買を考える上で、NT倍率の動きは参考にした方が良さそうです。

●図5.3　日経平均株価／TOPIX／NT倍率の比較

chapter5-4　新高値／新安値銘柄数

ランク　★★★

高値／安値を更新した銘柄数で市場の過熱度を見る

新高値／新安値銘柄数は、高値／安値をつけた銘柄の数から、市場全体の過熱度や急落度を見ようという指標です。

新高値／新安値銘柄数の数え方

新高値／新安値とは、「一定期間の中での最高値／最安値」のことを指します。

1月から3月までは、前年1月からその日までの最高値／最安値を新高値／新安値と呼びます。また、4月以降は、その年の1月からその日までの最高値／最安値を新高値／新安値と呼びます。

市場全体が上昇傾向になると、新高値をつける銘柄が増えやすくなります。逆に、市場全体が下落傾向になると、新安値銘柄が増えやすくなります。

また、市場全体が急騰／急落すると、新高値／新安値銘柄数も急に増えることになります。そのようなタイミングは、目先の高値／安値となることがよくあります。特に、市場全体が急落すると総投げ売り状態になりやすいので、新安値銘柄の方が傾向がはっきりと出やすくなります。

次ページの図5.4は、2021年1月〜12月の日経平均株価の日足チャートと新高値銘柄数／新安値銘柄数を比較したものです。2021年3月頃までは日経平均株価は上昇傾向だったので、新安値銘柄数はほとんど0で、新高値銘柄数は数十〜200程度で変動しています。一方、2021年3月から8月にかけて日経平均株価は徐々に下落しているため、新安値銘柄数が増えだしています。

また、日経平均株価が目先の底を打つ時点で、新安値銘柄数も急増していることがわかります。一方、日経平均株価が目先の天井を打つときには新高値銘柄数も多くなりますが、新安値銘柄数の方が上下の動きがはっきりしています。

また、市場全体を揺るがすような状況があると、新安値銘柄数が急増し、その日（またはその近辺の日）が目先の底になることがよくあります。

前述したように、4月以降はその年の1月以降の高値／安値で新高値／新安値銘柄をカウントするので、4月～5月あたりには、新高値／新安値銘柄の数が多くなりがちです。その点には注意することが必要です。

例えば、2021年1月から3月では、株価が下落しても、新安値銘柄はほとんど0のままです。2020年に**新型コロナウイルス禍**の影響で市場全体的に株価がいったん急落した後、2021年初めごろまで株価は順調に上昇していて、値下がりしても新安値になるほどではなかった銘柄が多かったために、このような現象が起こっています。

●図5.4　日経平均株価の日足と新高値銘柄数／新安値銘柄数の関係

chapter5-5 信用取引評価損率

信用建玉の評価損で市場の天井／底を見る

信用取引評価損率は、信用取引をしている人がどの程度損失を抱えているかを見ることで、市場全体の上げ下げを判断しようという指標です。

信用取引評価損率とは

信用取引評価損率は、信用取引の建玉にどの程度の損失が出ているかを表したものです。「損」の率なので、損失が出ていればプラス、利益が出ていればマイナスになります。

信用取引をしている人は、儲かった取引は短期で決済し、損している取引はできる限り引き伸ばそうとする傾向があるため、たいていは評価損を抱えている状態になり、信用取引評価損率がマイナスになる（利益が出ている）ことはそんなにありません。

信用取引評価損率の見方

一般に、信用取引評価損率が20％ぐらいになると、市場全体が底打ちすると言われています。一方、信用取引評価損率が0％近くになると、市場全体が天井を打つと言われています。

ただ、ここ数年は、以前ほどは上記のような傾向は出にくくなりました。以前は、信用取引は主に玄人が行うものでしたが、昨今はインターネット経由で比較的簡単に信用取引をすることができるようになり、信用取引をする層が広がったことが影響していると思われます。

▶信用取引評価損率を使った売買タイミングの判断例

次ページの図5.5は、2019年1月〜2022年12月の日経平均株価と信用取引評価損率の関係を見たものです。日経平均株価と信用取引評価損率は、似たような形で上下していることがわかります。

2021年2月／2021年9月の日経平均株価の天井の時期には、信用取引評価

損率が10％を超えて５％近くまで上昇し、その後に株価は下落に転じています（①と②）。これらのことから、「信用取引評価損率が５％近くまで上昇」は、天井を判断する1つの目安になりそうです。

　一方、③の2022年３月の日経平均株価の底の時期には、評価損率が15％程度まで下がっています。このことも、底を判断する目安になりそうです。

　なお、2013年初頭の株価急騰時には、信用取引評価損率がマイナス（＝含み益が出ている状態）に達しました。マイナスになることはめったになく、過去20年では2003年〜2004年の株価急上昇期に２回と、2006年のサブプライムローン問題発生前のピークの頃に１回あっただけです。

　一方、世界全体を揺るがすような大きな事件があると、株価が暴落して信用取引評価損率が20％を大幅に超えることもあります。例えば、2008年のリーマンショックのときには36.11％、④の2020年３月の新型コロナウイルス禍の初期のときには31.37％をつけたことがあります。

●図5.5　日経平均株価と信用取引評価損率の比較

レシオケータ

市場平均と比較して値動きの強弱を判断する

　レシオケータは、ある銘柄と市場平均等を比較して、値動きの良さを見るための指標です。

レシオケータの計算方法

　株を買って儲けるには、なるべく値上がり率が高いものを選びたいところです。その際に、「値上がりの良さ」を調べる指標として、レシオケータがあります。レシオケータは、個別銘柄の値上がり率を、市場平均（日経平均株価）等と比較して、値上がりの相対的な良し悪しを判断するものです。

　レシオケータの求め方には、以下のようなものがあります。

$$レシオケータ = \frac{当日の個別銘柄の株価}{当日の市場平均}$$

$$レシオケータ = \frac{当日の個別銘柄の株価}{当日の市場平均} \div \frac{基準日の個別銘柄の株価}{基準日の市場平均} \times 100(\%)$$

レシオケータの見方

　1つ目の式は、個別銘柄の株価が市場平均の何倍になっているかを表します。2つ目の式は、基準日を100％として、現在の個別銘柄の株価が市場平均よりどの程度大きく（小さく）動いているかを表します。

●市場平均が上昇しているとき

　市場平均が上昇しているときにレシオケータも上昇していれば、その銘柄は市場平均を上回って上昇しているので、買えば効率的に儲けることができます。一方、市場平均が上昇しているのにレシオケータが下落している場合、その銘柄は市場平均ほどには上昇していないので、買うべきではありません。

　また、レシオケータが変化しない場合は、その個別銘柄は市場平均と同じ値動きをしていることになります。

❯市場平均が下落しているとき

　市場平均が下落しているときにレシオケータも下落していれば、その個別銘柄は市場平均以上に下落していることになります。空売りして儲けるなら、そのような銘柄が適しています。

　一方、市場平均が下落しているのにレシオケータが上昇している場合、その個別銘柄は市場平均ほど値下がりしていないことになります。

❯レシオケータを使った売買タイミングの判断例

　図5.6は、**ファーストリテイリング (9983)** の2017年9月〜2018年8月の日足とレシオケータを比較したものです。

　2017年9月から2018年1月にかけては、株価が上昇するとともに、レシオケータが1を上回って上昇しています。これは、ファーストリテイリングが日経平均株価よりも良い動きをしていたことを意味しますので、買うのに適していました。

　一方、2018年1月末から2月にかけては、株価が急落するとともに、レシオケータも急落しています。これは、日経平均株価よりも株価が激しく下落したことを意味しています。それまでの上昇が大きかった分、下落も大きくなったと考えられます。

●図5.6　ファーストリテイリングの2017年9月〜2018年8月の日足とレシオケータの動き

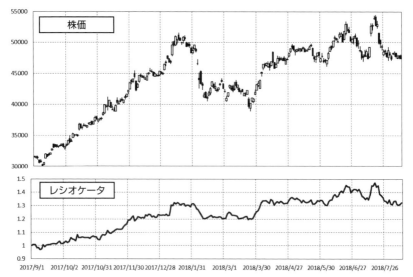

CHAPTER6

複数の分析手法を
組み合わせる

ここまででは多数のテクニカル分析手法を紹
介して来ましたが、1つの指標だけで分析する
のではなく、複数の手法を組み合わせることで、
より成功率の高い分析を行うことができます。
そこで第6章では、指標や分析手法の組み合
わせについて解説します。

chapter6-1 分析手法を組み合わせる効果

　まず、分析手法を組み合わせることには、どのような意味と効果があるのかということからお話ししましょう。

指標の短所を補完する

　テクニカル分析の手法はたくさんあり、トレンド系やオシレータ系などに分類できますが、それぞれに表6.1のように長所と短所があります。1つの指標だけでは短所を避けるのは難しいものですが、複数の指標を組み合わせることで、相互に短所を補完することができる場合があります。

　例えば、トレンド系指標で買いや空売りのポジションを取るタイミングを決め、オシレータ系指標でそのポジションを閉じるタイミングを決めると、確実性を高めることができます。

●表6.1　テクニカル指標の長所と短所

種類	長所	短所
チャート分析	比較的わかりやすい	分析する人の主観が入りやすい
トレンド系	トレンドに沿った売買ができる	売買のサインが出るのが遅れやすい
オシレータ系	株価の行きすぎを判断できる	ダマシが比較的多い
出来高系	株価に先行してサインが出ることがある	サインの出る時期があまり正確ではない
市場全体関連系	市場全体の動向を見ながら売買できる	市場全体と違う動きをする銘柄では、売買タイミングを見誤りやすい

組み合わせ方はいろいろあり得る

　分析手法を組み合わせる方法は、いろいろとあり得ます。上述のように、トレンド系指標とオシレータ系指標を組み合わせる方法もありますし、同種の複数の指標を組み合わせたり、チャート分析も入れたりすることも考えられます。

　個々の銘柄で値動きは異なりますので、銘柄に応じて最適な組み合わせを見つければ、よりうまく儲けることができることでしょう。

▶銘柄ごとの特性を加味すると良い場合もある

売買タイミングを判断する際に、テクニカル分析による判断だけでなく、銘柄ごとの特性を加味すると良い場合もあります。

例えば、株価が短期間で急騰／急落を繰り返しやすい銘柄を考えてみます。そのような銘柄では、株価の動きにテクニカル指標が追いつけないことが多くなり、テクニカル指標どおりにタイミングを判断していると遅れてしまうことが多くなります。その場合は、例えば「株価が買値から2割上がったら売る」といった条件をプラスして、タイミングが遅れることを防ぐことが考えられます。

▶逆指値などの自動売買機能も活用する

多くの証券会社では、**逆指値**などの自動売買の機能が用意されています。そのような証券会社なら、自動売買機能を利用することで損失を抑え、また利益を伸ばすことができる可能性があります。

例えば、テクニカル指標によって売りのサインが出ても、その後に株価がさらに上がることもあります。そこで、売りのサインが出たらすぐに通常の売り注文を出すのではなく、逆指値の売り注文を入れて株価がある程度下がったら利益確定するようにし、株価がさらに上がったときには利益を追求できるようにすることが考えられます（図6.1）

●図6.1　逆指値を利用して利益を確定しつつ株価上昇にも備える

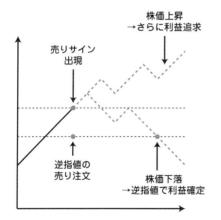

chapter6-2 移動平均線と乖離率を組み合わせる

　移動平均線と乖離率は、トレンド系指標／オシレータ系指標それぞれの代表的な存在です。まず、これらを組み合わせて売買タイミングを判断することを考えてみましょう。

売買タイミングの判断方法

　移動平均線と乖離率を使って、どのように売買タイミングを判断するかということから話を始めます。

▶買いタイミングの判断

　買いで儲けるには、上昇トレンドに沿って買い、株価がある程度上がったところで売るのが無難です。そこで、買うタイミングは、トレンド系指標である移動平均線で判断します。

　移動平均線で売買タイミングを判断する方法としては、85ページで解説した「グランビルの法則」がありました。買い法則は4種類あり、1番目は底で買うもの、2番目と3番目は押し目買いをするもの、そして4番目は突っ込み買いす

●表6.2　グランビルの法則（買い）

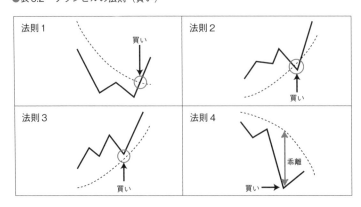

るためのものでした（表6.2）。

　ただ、4番目の法則は下落トレンドに逆らって買うことになりますので、ここでは除外して、残りの法則が出たときに買うことにします。

▶売りタイミングの判断

　売りタイミングですが、買ってから株価が上昇し、移動平均線から大きく乖離したときに売れば、比較的大きな利益を得られそうです（図6.2）。そこで、売り時の判断には乖離率を使うことにします。

　銘柄によって、また移動平均の計算期間の取り方によって、乖離率がどの程度の範囲になるかが異なってきます。そこで、過去の株価から乖離率のグラフを作ってみて、乖離率がどの程度の範囲で動きやすいかを調べます。

　例えば、過去の乖離率の動きを見ると、15%を超えることがほとんどなかったとしましょう（図6.3）。この場合、乖離率が15%を超えたら売る、というようにすれば良いと考えられます。

●図6.2　売りタイミングの判断方法

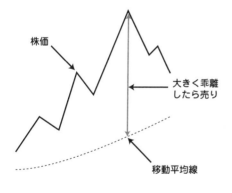

●図6.3　乖離率の動き方の例

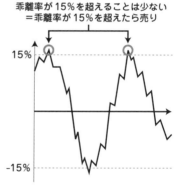

▶売買タイミングの判断例

　それでは、移動平均線と乖離率を組み合わせて、売買タイミングを見る事例を1つ紹介しましょう。例として、**エムアップホールディングス（3661）**の2022年1月〜9月の日足に、25日移動平均線を引いたチャートを使います（図6.4）。

　この期間の乖離率の分布を見ると、＋15%以上に上がっていることはほとんどありません。そこで、乖離率が＋15%を超えた後、乖離率が下がりだしたら

売るという方法で、売りタイミングを判断することにしました。ただし、グランビルの買い法則が出た時点で乖離率が＋15％を上回っているときには、買わないことにしました。

　この期間のチャートで、グランビルの買い法則が出ているところを調べると、図に示したように買い①〜⑤の5か所あります。買い①→売り①のように、比較的短期間で利益を得られているところもあります。

　ただ、買い⑤の後のように、その後しばらく株価が上がらないこともあります。この例では最終的には上がっていますが、移動平均線から＋15％乖離することがないままに下落に転じてしまうこともあります。そうなると、「株価が移動平均線から15％以上乖離して下がりだしたら売り」という条件だけだと、売りのタイミングが来ないという問題が生じます。

　このように、買った後に株価がなかなか上がらなかったり、下がってしまったりした場合にどうするかということも、売買の条件に入れておく必要があります。例えば、「買い値から10％下がったら損切り」「買ってから3か月たっても上がらないようなら手仕舞い」などの条件が考えられます。

●図6.4　移動平均線と乖離率で判断する例（エムアップHDの日足）

チャート提供：ゴールデン・チャート社

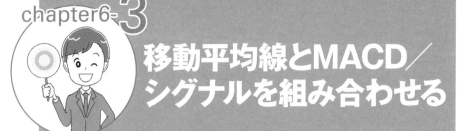

移動平均線とMACD／シグナルを組み合わせる

トレンド系指標とオシレータ系指標のもう1つの組み合わせ例として、移動平均線とMACDを組み合わせる例を紹介しましょう。

売買タイミングの判断方法

前節では移動平均線と乖離率を組み合わせましたが、乖離率をそのまま使うとギザギザした動きをするため、天井の位置がつかみにくいという難点があります。「天井を打って下がりだした」と思うと、次の日（週）にはまた上がりだすということもあります。

また、株価が思ったほど上がらないと、乖離率もあまり上がりません。そのため、「乖離率が15％を超えたら売り」のような売りの条件を満たさず、そのまま株価が下がりだしてしまうこともあります。

そこで、乖離率の代わりに、MACDとシグナルを組み合わせてみましょう。MACDとシグナルは比較的滑らかな動きをし、MACDとシグナルがクロスしたところが売買タイミングとなり、判断しやすいです。その性質を利用します。

買いタイミングの判断は、前節と同じく、移動平均線でグランビルの法則を使って行います。一方、売りタイミングの判断は、MACDがシグナルを上から下に抜いたときとします（図6.5）。

●図6.5 売りタイミングの判断方法

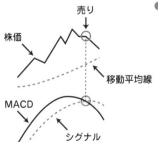

●売買タイミングの判断例

　図6.6は、**三菱重工業（7011）** の2022年12月〜2023年9月の日足チャートに9日移動平均線とMACDおよびシグナルを入れたものです。MACDは12日指数平滑移動平均と26日指数平滑移動平均の差から求めています。また、シグナルはMACDの9日移動平均です。

　前述の手順に従って、買いはグランビルの法則（1番から3番）で判断し、売りはMACDがシグナルとクロスしたところとします。これで売買タイミングを図示すると、図中に示したように買いタイミングは4回ありました。

　結果を見ると、4回中3回利益を得られています。中でも、買い③→売り③では約24％の利益を得ることに成功しています。一方、買い①→売り①のように、一時的な戻りでダマシになっているところもあります。状況に応じて、臨機応変な対応をすることも必要になります。

　なお、この例ではグランビルの法則の売買タイミングと、169ページで説明したMACDとシグナルの売買タイミングがほぼ一致している箇所も見られます（買い①、売り①、買い②、売り③など）。

●図6.6　移動平均線とMACDおよびシグナルで判断する例（三菱重工業の日足）

チャート提供：TradingView（https://jp.tradingview.com）

chapter6-4 移動平均線とRCIを組み合わせる

トレンド系／オシレータ系指標のもう1つの組み合わせとして、移動平均線とRCIを組み合わせる方法を紹介します。

売買タイミングの判断方法

ここまでで紹介してきた方法では、買いのタイミングを移動平均線（グランビルの法則）で判断し、売りのタイミングを乖離率等のオシレータ系指標で判断していました。それと同様に、ここで取り上げる方法でも、買いのタイミングは移動平均線で判断し、売りのタイミングはRCIで判断することにします。

また、RCIは比較的滑らかに動く性質がありますので、前節のMACDと同様に、タイミングの判断を明確に決めやすいです。ここでは、RCIが天井を打って下がりだしたら売る、という判断方法を取ることにします（図6.7）。ただし、移動平均線で買い法則が出ていても、RCIが下落傾向になっているときには買わないことにします。

●図6.7　売りタイミングの判断方法

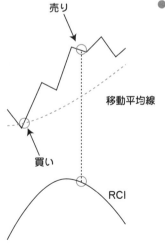

▶売買タイミングの判断例

　前ページの方法で売買タイミングを判断する事例として、**高島屋（8233）**の2023年2月〜11月の日足チャートを取り上げます（図6.8）。移動平均線の期間は9日で、RCIの期間は26日にしています。

　前述の手順のように、買いはグランビルの法則で判断し、売りはRCIが下がりだしたところとします。この方法で売買タイミングを図示すると、図中に示したように4回の売買となりました。

　4回の売買のうち、買い③→売り③を除く3回は成功していて、利益を得ることができています。一方、移動平均線やRCIの性質上、売買タイミングはどうしても遅れますので、ダマシも起こります。実際、「買い③→売り③」はダマシになっています。ただ、損失は大きくはなっていません。

●図6.8　移動平均線とRCIで判断する例（高島屋の2023年2月〜11月の日足）

チャート提供：TradingView（https://jp.tradingview.com）

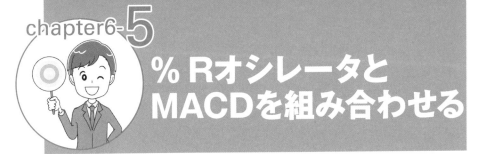

％Rオシレータと MACDを組み合わせる

　ここまでは買いの判断を移動平均線で行ってきましたが、他の指標を使って判断する例として、％RオシレータとMACDを組み合わせる方法を紹介します。

％Rオシレータでトレンドを判断する

　株価が下落トレンドのときには、買いから入って利益を上げるのが難しいのと同様に、上昇トレンドのときには空売りから入って利益を上げるのは難しいです。やはりトレンドに沿って、上昇トレンドのときに買い、下落トレンドのときに空売りするのがセオリーです。

　トレンドを判断する指標の中で、ここでは％Rオシレータを使ってみます。％Rオシレータは、トレンドがあるときには0％近くや100％近くに張り付き、保ち合いになってトレンドがはっきりしないときには50％近辺で上下する性質があります。そして、トレンドが変わるときには、0％近辺から100％近辺に（逆に、100％近辺から0％近辺に）、一気に変化しやすい性質があります（チャートにより、表示のされ方は異なる場合があります。161ページ参照）。

　そこで、買いから入る際の1つの条件として、「％Rオシレータが50％のラインの上下どちらにあるか」ということを考慮することにします。

MACDも組み合わせる

　もう1つの指標として、MACDを組み合わせることにします。MACDでの売買タイミングの判断方法は、MACD自身とシグナルがクロスするたびに売買するというものでした（169ページ参照）。ただ、トレンドがはっきりしない時期に、売買サインが出ることもあります。

　そこで、MACDとシグナルがクロスして買いのサインが出たとしても、％Rオシレータが50％よりも下にあって、上昇トレンドがはっきりしていなければ、買いを見送るという方法が考えられます。このようにすることで、ダマシを減らしたり、ダマシになっても損失を抑えたりする効果が期待できます。

同様に、MACDで売りサインが出たとしても、%Rが50%よりも上にあって、下落トレンドがはっきりしていなければ、空売りを見送ることが考えられます。

売買の条件を決める

　ここまでの話から、買いを入れる条件は、以下のどちらかを満たしたときとします（図6.9）。

　①％Rオシレータが50％より上に抜けた時点で、MACDがシグナルの上にあれば買い

　②％Rオシレータが50％より上にあって、MACDがシグナルを上に抜ければ買い

　そして、買った株を売る条件は、以下のどちらかを満たしたときとします（図6.10）。

　③MACDがシグナルを下に抜ければ売り

　④％Rオシレータが50％より下に抜ければ売り

　また、空売りを始める条件は、前述の①と②の向きを逆にして、以下のどちらかを満たしたときとします（図6.11）。

　⑤％Rオシレータが50％より下に抜けた時点で、MACDがシグナルの下にあれば空売り

●図6.9　買いタイミングの判断条件

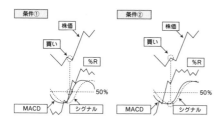

●図6.10　売りタイミングの判断条件

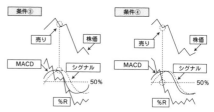

●図6.11　空売りタイミングの判断条件

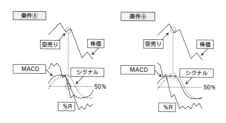

●図6.12　買戻しタイミングの判断条件

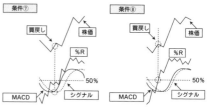

⑥％Ｒオシレータが50％より下にあって、MACDがシグナルを下に抜ければ空売り

そして、空売りした株を買い戻す条件は、前述の③と④の向きを逆にして、以下のどちらかを満たしたときとします（図6.12）。

⑦MACDがシグナルを上に抜ければ買戻し

⑧％Ｒオシレータが50％より上に抜ければ買戻し

売買タイミングの判断例

実際に売買タイミングを判断する例として、**ダイフク（6383）**の2017年5月～2018年8月の日足を使います。％Ｒオシレータは30日、MACDは短期15日／長期30日で、シグナルはMACDの25日移動平均にしました。

この状況で、前述の条件に従って売買タイミングを判断すると、図6.13のようになりました。買い①→売り①など、利益が出ているところもあります。しかし、A～Dの四角で囲んだ部分では、％Ｒオシレータと50％ラインのクロスが頻繁に起こり、ダマシが多発する結果になっています。

●図6.13　％ＲオシレータとMACDで売買タイミングを判断する例（ダイフクの日足）

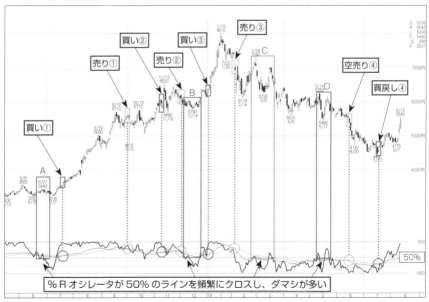

チャート提供：ゴールデン・チャート社

パラメータを調節してみる

　ダマシが頻発する場合、計算のパラメータ（計算期間等）を調節して、より うまくいく方法を探すことも考えられます。

　今取り上げている例だと、％Ｒオシレータと50％とのクロスが多いことが、 ダマシが多発する原因でした。そこで、％Ｒオシレータの計算期間を50日に 変えて、長めのトレンドを元に売買タイミングを判断するようにしてみます。

　その結果は図6.14のようになりました。％Ｒオシレータと50％とのクロスが減 り、それによるダマシの発生はＡの部分だけになっています。また、空売りか ら買戻しまでが2回増えていて、そのうちの空売り⑤→買戻し⑤では利益を得 ることができています。

　このように、テクニカル指標を計算するためのパラメータは、固定ではありま せん。売買をシミュレーションしてみて、結果が良くなければ、パラメータを調 節するのも1つの方法です。

●図6.14　％Ｒオシレータの計算期間を変えて判断しなおした例（ダイフクの日足）

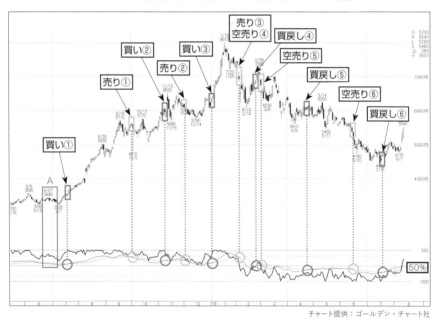

チャート提供：ゴールデン・チャート社

■著者略歴

藤本 壱（ふじもと はじめ）

1969年兵庫県伊丹市生まれ。神戸大学工学部電子工学科を卒業後、パッケージソフトメーカーの開発職、パソコンおよびマネー関係のフリーライターを経て、現在は大学教員となっている。個人投資家としては、早くからパソコンとデータを駆使した株式投資を実践している。

【最近の投資・マネー関連の著書】

『新版 株初心者も資産が増やせる高配当株投資』『手堅く短期で効率よく稼ぐ 株カラ売り5つの戦術』『高配当・連続増配株投資の教科書』『実戦相場で勝つ！FXチャート攻略ガイド』(以上、自由国民社)、『Excelでここまでできる！株式投資の分析＆シミュレーション完全入門』(技術評論社)、『プロが教える！金融商品の数値・計算メカニズム』(近代セールス社)などがある。

※本書は、2018年10月小社発行の『実戦相場で勝つ！株価チャート攻略ガイド 改訂2版』を改訂のうえ改題した改訂新版です。

株価チャート分析の教科書

2024年1月5日　初版第1刷発行

著　者	藤本　壱
発行者	石井　悟
発行所	株式会社自由国民社
	〒171-0033　東京都豊島区高田3-10-11
	TEL 03(6233)0781 (営業部)
	TEL 03(6233)0786 (編集部)
	https://www.jiyu.co.jp/
本文DTP	有限会社中央制作社
印刷所	奥村印刷株式会社
製本所	新風製本株式会社

カバーデザイン　吉村　朋子
本文タイトルイラスト　よぴんこ(yopinco)/PIXTA